소로스
투자특강

소로스
투자 특강

인간사를 이해하라, 돈은 그 결과일 뿐

조지 소로스 지음 | **이건** 옮김 | **윤지호** 추천 | **홍진채** 해제

THE SOROS
LECTURES

"오류와 불확실성에 투자하라!"

★★★★★
소로스식
'이기는 사고'의
결정판

에프엔미디어

어떤 상황에 속해 있는 사람이 세상을 보는 관점은
항상 부분적이고 왜곡될 수밖에 없다.
사람이 이해하기에는 세상이 너무나 복잡한 데다
'우리 자신'까지 포함해서 파악해야 하기 때문이다.
우리는 복잡한 현실을 단순화하는 과정에서 자주 착각을 일으킨다.

착각은 시장은 물론 역사의 흐름까지 좌지우지한다.

두 얼굴의 투자 구루

"패를 잡고 있을 때를 알아야 한다. 물러설 때를 알아야 한다, 도망갈 때를 알아야 한다, 도박판에서는 절대 돈을 세어보아서는 안 된다. 도박이 끝난 후에도 돈을 세어볼 시간은 충분하다."

— 케니 로저스의 노래 '더 갬블러' 중에서

조지 소로스를 생각하면 케니 로저스의 노래 '더 갬블러'가 떠오른다. '패를 잡고 있을 때와 물러설 때를 아는 투자자'가 무엇인지 그 '생각의 틀'을 알려준 구루guru이기 때문이다. 워런 버핏 식의 장기 투자만이 정답이라고 강요받는 요즘 한국의 투자 문화와 결이 다른 투자자임에 분명하다.

버핏과 소로스, 둘 다 현존하는 세계 최고의 투자자지만 평가는 극단이다. 한 명은 '오마하의 현인'으로, 다른 한 명은 '영국은행을 이긴 투기꾼'으로 불린다. 많은 투자자가 버핏을 존경하며 그의 투자 방식을 성서처럼 따른다. 반면 소로스는 투기꾼의 이미지가 크다. 1992년 영국은행Bank of England 공격과 파운드화 평가 절하로 얻은 명성 때문이다. 소로스의 소개에는 늘 글로벌 투기꾼global speculator이라는 단어가 뒤따른다.

오류와 불확실성에 투자하는 '재귀성' 개념

버핏과 소로스, 이 둘의 투자 방식 중 어떤 것이 우위에 있다고 단정 짓기 어렵다. 아마도 투자자 개개인의 투자 성향과 자본의 성격에 따라 결정될 것이다. 주식 투자의 긴 흐름에서 보면 버핏은 벤저민 그레이엄의 계승자이고 소로스는 제시 리버모어 같은 모멘텀 투자자의 범주에 속한다. 모멘텀 투자자는 균형보다 불균형에서 베팅하는 것을 선호한다.

흥미로운 점은 두 거장의 차이보다 유사성이다. 마크 티어는 그의 저서 《워런 버핏과 조지 소로스의 투자 습관(The Winning Investment Habits of Warren Buffett & George Soros)》에서 버핏과 소로스의 공통분모를 파고든다. 투자 대상을 분산하지 않고, 스스로가 자신 있는 투자 자산에 집중하며, 시장이나 경제 전망을 예측하기보다 투자 과정에 집중한다. 무엇보다 두 사람 모두 돈을 버는 것보다 잃지 않는 것에 더 비중을 두고 있음을 찾아냈다. 소로스의 조언 중에 "금융시장에서 살아남으려면 때로는 황급히 도망갈 필요도 있다"가 있다. 위기에 대처하는 자세에 대한 직관적 답변이다.

소로스와 버핏 모두 자신의 생각에 다른 생각을 접목하고 점점 더 확산해왔다. 버핏은 그레이엄의 가치투자에 필립 피셔의 성장 투자를 접목해 자신만의 투자 철학을 완성했고, 소로스는 1960년대 초반 베르트하임 & 컴퍼니Wertheim & Company의 애널리스트로 시작해 이후 퀀텀 펀드의 공동 설립자가 되었다.

매크로 헤지펀드의 선구자로서 소로스는 기존과 매우 상이한 접근 방식으로 주목받게 된다. 그에 대한 궁금증이 풀린 것은《금융의 연금술(The Alchemy of Finance)》발간과 함께 그의 투자 접근법이 알려지면서부터다. 가격이 정규 분포를 따른다는 효율적 시장 가설에서 벗어나 수익률 분포의 꼬리가 더 두꺼울 수 있다는 현실을 반영한 방법으로, 철학자 칼 포퍼의 생각에서 도출해낸 것이다. 다시 말해 소로스의 독창성은 금융시장의 경험과 철학적 사고를 결합한 '사고의 틀'에 있다.

이제 와서 고백하지만, 나는 꽤 오랜 시간 어떤 의사결정을 앞두고 고민할 때마다 소로스가 정립한 '사고의 틀'을 적용해 왔다. 책장에는 소로스의 《금융의 연금술》, 《금융시장의 새로운 패러다임(The New Paradigm for Financial Markets)》 등 국내 번역 출간된 책은 물론, 소로스를 접한 후 읽기 시작한 철학 관련 책이 금융 관련 책만큼 가득하다. 이번에 선뜻 2010년 '억만장자의 고백'으로 번역된 《The Soros Lectures》의 재발간을 맞아 추천글을 쓰기로 마음먹은 이유도 여기에 있다. 5개의 강연으로 구성된 이 책을 통해 철학과 투자를 접목한 소로스의 '사고의 틀'에 좀 더 많은 사람이 다가가고 그를 향한 편견에서 벗어났으면 하는 바람에서다.

5개 강연을 관통하는 하나의 코드는 칼 포퍼의 철학적 언어다. 포퍼는 19세기 이래 지배적이었던 귀납주의적 접근에서 벗어나려 했다. 그는 논리적으로 의미가 있는 검증보다 반증 가능성이 진리로 나가는 길이라 판단한다. 경험적 근거를 바탕으로 검증한다 해도 그 검증이 완전할 수 없음을 강조한다. 이론은 가설의 성격만 있을 뿐이며, 어떤 주장이든 그에 대한 반증을 이겨내는 동안만 잠정적으로 진리라는 주장이다.

소로스는 런던정경대학에서 칼 포퍼를 사사했고 그로부터 강력한 영향을 받는다. 소로스의 '열린 사회 재단'이 포퍼의 기넘비적 저서인《열린 사회와 그 적들》에서 이름을 따온 것이라는 사실만 봐도 그렇다. 소로스는 철학에서 금융에 접근하는 방식을 도출했고, 포퍼의 철학에 자신의 생각을 덧붙여 '재귀성 reflexivity'이라는 개념을 만들었다. 이 책이 내건 캐치프레이즈 "오류와 불확실성에 투자하라"는 시장과 투자자 사이의 상호 관계를 활용하자는 의미이고 이것이 바로 재귀성의 투자 활용이다. 책의 첫 번째 강연과 두 번째 강연은 철학과 투자를 접목한 소로스의 생각을 풀어낸 것이다.

> "우리는 불확실성을 싫어하지만 불확실성이 없는 세상은 하품이 나올 정도로 따분해질 것이다. 주식은 차익을 내지 못하고, 스포츠 경기는 재미가 없어지며, 코미디는 촌철살인의 위트를 발휘하지 못한다."
>
> —대니얼 크로스비

소로스는 확실성이 아닌 불확실성의 세계를 다룬다. 런던에서 페인트공으로 일했던 시절, 웨일스에서 핸드백을 팔았던 시절, 머리가 아닌 몸으로 투자해 돈을 벌었던 시절의 경험 때문일 것이다. 불확실성의 다른 말이 '돈 벌 기회'임을 소로스는 알고 있었다. 경제학자 프랭크 나이트가 분류했듯이 금융에서 위험risk과 불확실성uncertainty은 다른 개념이다. 결과를 알 수 없다는 점에서는 위험과 불확실성이 동일하지만 위험은 분포와 확률을 계산할 수 있는 반면 불확실성은 분포 자체를 알 수 없다. 나이트는 불확실성이 바로 이윤의 원천이라 주장한다. 불확실성이 존재하지 않는다면, 다시 말해 예측 가능한 리스크만 존재하며 구매자와 판매자가 각각 완전한 정보를 가지고 있다면 이윤이 창출될 수 없다.

소로스는 불확실한 시장에서는 결정된 것이 아무것도 없음을 강조한다. 결국 사람의 생각이 시장에 영향을 미치기 때문에 투자자와 의견을 주고받는 과정에서 이익의 기회를 잡으려 했다. 반증되기 전까지, 가설은 적절한 판단일 수 있기 때문이다. 한마디로 재귀성은 시장과 투자자가 서로 영향을 주고받는다는 이론이다. 재귀성 이론 관점에서 보면 펀더멘털과 주가는 독립변수와 종속변수의 관계가 아니라 서로 영향을 주고받는 상호 종속변수의 관계일 뿐이다. 좀 더 쉽게 표현하면, 주가의 변동 요인은 현재 유행하는 '추세'와 시장을 지배하고 있는 '착각'의 결합이며, 이들은 주가에 의해 영향을 받고, 그러한 영향은 스스로 강화되거나 수정되기도 한다.

소로스의 탁월함은 여기에 있다. 가격과 펀더멘털의 관계를 '피드백 고리'라는 개념으로 정리했기 때문이다. 미스터 마켓Mr. Market을 조울증 환자로 표현하는 이유는 상황에 따라 가속과 감속이 불규칙하게 전개된다는 데 있다. 물론 행동경제학에서도 이러한 불안정성을 다루지만, 소로스는 이것을 절반의 분석일 뿐이라고 지적한다. "사람들이 금융 자산의 가격을 잘못 산정하는 과정에만 집중할 뿐, 잘못된 가격 산정이 펀더멘털에 미치는 영향은 다루지 않으므로 행동경제학은 재귀 과정의 절반만 분석합니다."[73쪽]

소로스의 '재귀적 피드백 고리'는 잘 알려지지 않은 반면 행동경제학은 점점 더 효율적 시장 가설의 대안이 되고 있다. 하지만 행동경제학은 인간의 행동으로 정보가 왜곡되고 이로 인해 주가가 적정 가격을 벗어날 수 있음을 지적했을 뿐이다. 소로스의 지적대로 시장이 작동되는 메커니즘까지 나아가지는 못했다. 평온했던 시장이 군중의 광기로 바뀌는 사례는 빈번하지만, 집단 쏠림이 투자자 집단의 다양성을 훼손하고 결국 서로 독립적으로 행동하기보다 몰려가게 되는 수수께끼를 풀어내지 못했다.

불완전한 균형이 반전되는 시점이 투자의 기회

소로스는 '재귀적 피드백 고리'로 버블과 붕괴의 원인을 밝혀냈다. "부정적 피드백은 균형을 이루는 경향이 있지만, 긍정적 피드백은 역동적 불균형을 만들어냅니다. 긍정적 피드백은 시장 가격과 펀더멘털 모두에 큰 변동을 일으킬 수 있으므로 더 흥미로운 요소입니다. 긍정적 피드백 과정에서는 처음에 한쪽으로 자기강화가 진행되지만, 마침내 정점에 도달한 다음에는 반대쪽으로 자기강화가 진행됩니다."[74~75쪽]

소로스는 불완전한 균형이 반전되는 시점이 투자의 기회임을 자신의 이론으로 정립했고, 이후 여러 번의 투자에서 성공했지만 큰 실패를 맛보기도 했다. 그는 게임의 규칙이 바뀌는 베팅을 주저하지 않았기 때문이다. 플라자 합의 당시의 달러 매도는 큰 성공을 거두었고 1987년 5월 《금융의 연금술》을 출간하면서 스타 매니저가 되었지만, 그해 블랙 먼데이 당시에는 큰 실패를 맞기도 했다. 중국 경제가 흔들릴 때는 위안화 약세에, 유로존이 흔들릴 때는 유로화 붕괴에 베팅했고 언론을 통해 자신의 의도를 드러냈지만 항상 성공했던 것은 아니다. 그럴 때마다 언론은 그의 투기가 실패했다고 대서특필했다. 하지만 그는 자신의 포지션이 반증되면 빠르게 청산했고 여전히 투자자로 살아남아 있다.

　이 책은 금융시장만 다루지 않았다. 세 번째에서 다섯 번째 강연은 금융시장보다 좀 더 광범위한 가치의 영역을 다룬다. '열린 사회에서 유권자는 진실을 수호하고 거짓을 응징해야 하지만 현실은 왜 그렇지 않을까? 열린 사회가 되고 있음에도 왜 더 많은 자유, 더 많은 정의가 펼쳐지지 않을까?'라는 안타까움을 토로한다. 그가 내린 결론은 네 번째 강연의 제목처럼 열린 사회와 시장경제는 하나가 아니라는 데 있다. 심지어 자본주의가 열린 사회를 심각하게 위협할 수 있음을 지적한다.

　소로스는 정치를 금융시장에서 분리하면 시장 자체를 이해할 수 없다고 보았다. 이 책을 읽고 나면 소로스가 시장근본주의자가 아님을 알게 된다. 그는 적절한 규제, 무엇보다 규제의 범위가 세계적이어야 효과가 있을 거라 주장한다. 실제로 금융시장을 지배하는 원칙은 정치인의 보이는 손에서 결정되기 때문이다. 열린 사회에서 정치는 공익에 맞춰지기보다 자본가의 의도대로 이루어지며 특수 이익집단의 포로가 되기도 한다. 아쉽게도 이 책이 발간된 후 10년이 지난 이 시점에 상황은 더 악화되고 있다.

　"미국에서는 양대 정당이 중도를 놓고 경쟁했지만, 중도의 입지가 축소되면서 정치는 갈수록 양극화되었습니다. (중략) 정치에 참여할 때의 기능과 시장에 참여할 때의 기능을 구분하는 사람들이 늘어난다면, 나는 미국 민주주의의 기능이 개선되리라 믿습니다. 각 개인에게 달린 문제입니다."[176쪽]

그는 이에 대한 해결책으로 사라지는 중도를 재건해야 한다고 주장한다. "내 말이 맞고 내 말에 반대하는 상대는 적이다"라는 식의 극단론은 우리 사회를 '닫힌 사회'로 퇴행시킬 수 있기 때문이다. 공공의 적은 좌나 우가 아니라 흑백논리로 무장한 전체주의자일 뿐이라는 철학자 칼 포퍼로 회귀하는 것이다.

소로스는 이러한 전체주의의 망령을 중국에서 찾은 듯하다. 이 책 말미에서 그는 중국을 향한 불안한 시선을 고백한다. "중국은 세계 국가들에 인정받으려면 더 열린 사회가 되어야 하고, 국가의 번영을 위해서 개인의 자유를 억압해서는 절대 안 됩니다. (중략) 중국은 자신이 제국주의에 희생되었다는 생각에 너무 길든 나머지, 이제는 자신이 제국이 되어간다는 사실을 깨닫지 못하고 있습니다. (중략) 나는 중국 정부 지도부가 상황에 맞게 대응하기를 희망합니다. 세계의 미래는 여기에 달렸다고 말해도 과언이 아닙니다."[214~215쪽]

소로스의 바람과 달리 중국은 열린 사회가 아닌 닫힌 사회로 가고 있다. 소로스는 중국에 대한 기대를 접은 듯하다. 추천사를 쓰는 동안 그가 "블랙록의 중국 투자는 큰 실수다"라고 말했다는 언론 보도를 접했다. 중국의 반응도 원색적이다. "소로스는 국제 테러리스트다(George Soros is a global international terrorist)."(CHINA STATE MEDIA) 소로스의 예언대로 국제자본주의와 국가자본주의가 충돌하고 있다. 획일적이고 광적이며 배타적인 중국의 국가자본주의가 세계 경제의 새로운 지뢰밭이 되고 있다. 아마도 소로스는 여기서 다시 베팅의 기회를 잡으려 하는 것 아닌가 싶다.

하지만 잊지 말자. 소로스는 스스로 의견을 시장에 알리고 재귀적 연결고리가 작동하는지를 실험한다. 이미 6년 전 그는 위안화 숏 베팅을 시도했지만, 실패했다. 이럴 때마다 떠오르는 문장이 있다. 이미 스타 매니저였지만 《금융의 연금술》을 읽은 뒤 퀀텀 펀드에 합류해 후계자가 되었던 스탠리 드러켄밀러의 소로스에 대한 평가다.

"소로스는 내게 선택의 옳고 그름이 아니라, 옳은 선택을 했다면 얼마나 많은 돈을 벌 수 있고 그른 선택을 했다면 얼마나 적은 돈을 잃을 수 있는지가 더 중요하다는 것을 가르쳐 주었다."

—스탠리 드러켄밀러

선택의 옳고 그름이 중요한 게 아니라 불확실한 미래에서 '성공하면 더 큰 돈을, 실패해도 빠져나갈 구멍을 만드는 투자'가 바로 소로스의 투자 철학임을 알려준 문장이다.

투자자는 미래의 사건을 확률로 측정하고, 현재화되기 전 투자에 반영한다. 소로스는 재귀적 피드백 고리로 이의 가속 여부를 판단했고 이후 많은 이에게 영감을 주었다. M&A를 통해 영향을 주거나 사회적 책임 투자SRI와 ESG같이 특정 가치와 소통하며 가격에 영향을 주는 전략도 일정 부분 그의 투자 전략과 연결된다.

돈은 거래의 매개체일 뿐이지만 자본은 스스로 돌면서 증식한다. 돈이 넘쳐나는 시대, 누구나 자본가가 되고 싶어 하지만 모두에게 허락되지는 않을 것이다. '견디면 좋은 날이 올 거야'라는 식의 장기 투자만 가지고는 격변하는 자본시장에서 자본을 키우기 쉽지 않다. 소로스의 지적대로 금융은 '이성과 합리성'이 아닌 '오류와 불확실성'이 증폭될 때가 기회의 영역이다.

돈을 잃지 말아야 한다. 금융시장에서 얻은 교훈이다. 많은 이가 강세장에서 이러한 원칙을 경시한다. 유튜브 생태계에는 '사서 들고 있으면 된다'는 식의 값싼 조언이 넘쳐난다. 하지만 이 책을 통해 소로스의 진면목을 이해했다면 실수를 두려워하지 않게 될 것이다. 소로스는 자서전에 이런 말을 남겼다.

"불안감이 나를 깨어 있게 하고 실수를 바로잡게 한다. 다른 사람들은 틀리면 부끄러워하지만 나는 실수를 인정하는 것이 자랑스럽다."

실수를 두려워하지 말자. 재귀적 연결고리가 변할 때 더 좋은 타이밍을 잡아낼 수 있다. 시간은 많은 걸 바꾸고 또 그 시간은 다시 돌아오지 않는다. 현재가 아닌 미래는 유동적이기에 기회가 있다. 바라보는 시각을 아주 조금만 바꿔도 사고가 유연해진다. 나는 소로스에게서 변화에 대처하는 '사고의 틀'을 배웠다. 균형이 깨질 때가 기회다.

2021년 9월
윤지호
이베스트투자증권 리서치센터장

머리말

2009년 10월 나는 중부유럽대학Central European University의 후원을 받아 부다페스트에서 닷새에 걸쳐 강연했다. 중부유럽대학은 1991년 소련이 붕괴한 다음 내가 세운 인문 및 사회과학 분야 국제 대학원이다.

첫 번째와 두 번째 강연에서는 내가 지금껏 경험해온 일과 생각을 요약해서 전달했다. 내가 투자 사업과 자선 사업을 할 수 있게 해준 개념의 틀을 자세히 설명했고, 이 틀을 현재의 금융위기에 적용했다. 세 번째 강연과 네 번째 강연은 내게 새로운 영역인데, 도덕 가치와 정치권력에 대해 질문을 던지고, 이 둘의 관계를 분석했다. 마지막 강연에서는 개념의 틀을 활용해서 예측과 처방을 제시했다.

내 목표는 거창하다. 인간사人間事를 더 잘 이해할 수 있는 분석의 틀을 제공하는 것이다. 이 목표가 달성되었는지는 독자가 판단할 몫이다. 내 사상이 독단이 아니라 비판적 사고로 받아들여지기를 희망할 따름이다. 이 강연과 이어진 토론들은 세계 유수 대학들과 화상 회의 방식으로 진행되었다.

상하이 푸단대학교와 홍콩대학교도 토론에 참여했다는 점이 무척 기뻤다. 중국은 세계에서 갈수록 중요한 국가로 성장할 것이므로, 중국이 내 개념의 틀을 따른다면 이 세상이 더 좋아질 것이라고 믿기 때문이다. 이 밖에 컬럼비아대학교, 모교인 런던정경대학London School of Economics, MIT도 참여했다. 나는 이런 명문 대학들과 내 사상을 나눌 수 있어서 기뻤다.

다섯 차례의 강연과 화상 회의를 도와준 중부유럽대학, 열린사회연구소와 내 비서에게 감사드린다. 출판사 임직원들에게도 감사드린다. 또 철학 논점을 명확하게 밝혀준 콜린 맥긴Colin McGinn과 마크 노투르노Mark Notturno, 중부유럽대학 총장 존 섀턱John Shattuck을 비롯해, 강연에 이은 토론에서 사회를 맡아준 아나톨 칼레츠키Anatole Kaletsky, 이반 크라스테프Ivan Krastev, 마크 대너Mark Danner, 하워드 데이비스Howard Davies에게도 감사드린다. 마지막으로, 평론해준 크리스토방 부아르케Cristovam Buarque를 비롯한 많은 분에게 감사드린다.

2010년 1월 뉴욕 조지 소로스

차례

THE SORO

첫 번째 강연

The Human Unc

LECTURES

인간
불확실성의 원리

ainty Principle

경제학에서는 먼저 지식이 완전하다고 가정했고, 이 가정을 지탱하기가 어려워지면 더 왜곡된 가정을 내세웠습니다. 경제학은 마침내 합리적 기대 이론을 만들어냈습니다.

미래에 대한 최적 관점은 하나만 존재하며, 모든 시장 참여자의 관점도 결국 이 관점으로 수렴한다는 주장입니다. 정말 터무니없지만, 경제 이론이 뉴턴 물리학과 같은 이론이 되려면 이런 주장을 해야 합니다.

인간사를 이해하라,
돈은 그 결과일 뿐

나는 인생을 살아가면서 독자적으로 '사고의 틀'을 개발한 덕분에, 헤지펀드 매니저가 되어 돈을 벌 수 있었고, 박애주의자가 되어 자선 사업을 벌일 수도 있었습니다. 그러나 오늘의 나를 만든 이 개념의 틀 자체는 돈을 버는 방법이 아닙니다. 사고와 현실 사이의 관계를 다루는 방법으로, 예부터 철학자들이 널리 연구해온 주제입니다.

나는 1950년대 말 런던정경대학 학창 시절에 나 자신의 철학을 연구하기 시작했습니다. 졸업 시험을 1년 먼저 치렀기 때문에, 학위를 받으려면 1년을 기다려야 하는 상황이었습니다. 지도 교수를 지정할 수 있었던 나는 저서 《열린 사회와 그 적들(The Open Society and Its Enemies)》에서 깊은 인상을 받은 빈 출신 철학자 칼 포퍼Karl Popper*를 선택했습니다.

이 책에서 포퍼는 경험적 진실조차 절대적으로 확실하게 알 수는 없다고 주장했습니다. 과학 법칙도 의심할 여지 없이 입증할 수는 없으며, 검증 과정을 거쳐 틀렸다고 밝혀낼 수 있을 뿐입니다. 검증 과정을 한 번만 통과하지 못해도 과학 법칙은 기각되기에 충분하지만, 들어맞는 사례가 아무리 많더라도 옳다고 입증할 수는 없습니다. 과학 법칙은 속성상 가설에 불과하므로, 언제든

---

* 오스트리아 출신 영국 철학자로, 런던정경대학 교수를 지냈으며 20세기 최고의 과학철학자로 꼽힌다.

지 기각될 수 있기 때문입니다.

궁극적 진리를 찾았다고 주장하는 이데올로기는 거짓입니다. 따라서 이런 이데올로기는 사회에 강제적인 방법으로만 떠안길 수 있습니다. 공산주의, 파시즘, 국가사회주의가 모두 여기에 해당합니다. 이런 이데올로기들은 모두 압제를 부릅니다. 포퍼는 더 매력적인 사회조직 형태를 제안했습니다. 그것은 사람들이 함께 평화롭게 살아가도록 다양한 견해와 관심을 자유롭게 허용하는 열린 사회입니다. 나는 이곳 헝가리에서 나치와 공산주의 점령 아래 모두 살아보았으므로, 열린 사회라는 이념이 얼마나 매력적인지 잘 압니다.

포퍼의 저서를 읽는 동안 나는 경제 이론도 공부했습니다. 그런데 포퍼는 인간의 이해가 불완전하다고 강조했지만, 경제학의 완전 경쟁 이론**은 인간의 지식이 완전하다고 가정했습니다. 그래서 둘은 모순을 일으켰습니다. 이때부터 나는 경제 이론에 깔린 가정들을 의심하게 되었습니다. 그리고 이것에서 내 철학은 중요한 영감을 얻었습니다. 물론 내 철학에 영향을 준 요소는 이 밖에도 많습니다.

특히 파란만장했던 과거는 내 철학에 상당히 크게 영향을 미쳤습니다. 1944년 독일이 헝가리를 점령했을 때의 경험이 내 인생을 바꿔놓았는데, 당시 나는 만 열네 살도 되지 않았습니다. 제법 유복한 중간 계층에 속했던 나는 단지 유대인이라는 이유로 갑자기 추방되거나 살해당할 위험에 처했습니다. 다행히 아버지는 이런 엄청난 혼란에 잘 대비해놓았습니다. 아버지는 러시아혁명에서도 살아남은 분이었습니다. 이때의 경험이 아버지의 인생을 바꿔놓았습니다. 혁명이 일어나기 전까지 아버지는 야망이 큰 젊은이였습니다. 제1차 세계대전이 일어나자 아버지는 오스트리아-헝가리 군에 자원입대

** 완전 경쟁 이론의 전제인 완전 경쟁 시장은 시장에 수요자와 공급자가 많아서 개별 기업이 수요량 또는 공급량을 변화시켜도 시장 가격을 변동시킬 수 없는 상황을 말한다.

했지만 러시아군에 전쟁 포로로 잡혀 시베리아로 끌려 갔습니다. 야심이 많았던 아버지는 포로들이 발간하는 신문의 편집자가 되었습니다. 손으로 널빤지에 글을 써서 걸어두는 신문이어서, 사람들은 '널빤지 신문'이라고 불렀습니다. 이 신문으로 크게 인기를 얻은 아버지는 포로들의 대표로 선출되었습니다.

그 무렵 이웃 수용소에서 포로 몇 명이 탈출했고, 그 보복으로 포로 대표가 총살당했습니다. 아버지는 자신이 있는 수용소에서 같은 일이 벌어지기를 앉아서 기다리는 대신, 직접 조직을 구성해서 탈출을 주도했습니다. 아버지의 계획은 뗏목을 만들어 타고 남쪽으로 항해해 바다에 이르는 것이었습니다. 그러나 아버지는 지리에 어두웠던 데다 시베리아의 강은 모두 북극해로 흘러든다는 사실을 몰랐습니다. 일행은 여러 주 떠내려간 뒤에야 자신들이 북극해를 향하고 있음을 깨달았습니다. 그래서 몇 달이나 더 걸려서 침엽수림대를 지나 사람들이 사는 지역으로 돌아왔습니다. 그사이에 러시아혁명이 일어났고, 일행도 혁명에 휘말렸습니다. 온갖 우여곡절을 겪은 뒤에야 아버지는 헝가리로 돌아올 수 있었습니다. 수용소에 가만히 있었다면 훨씬 빨리 돌아왔을 것입니다.

집에 돌아왔을 때 아버지는 변해 있었습니다. 러시아 혁명 기간에 겪은 경험이 깊이 영향을 미쳤던 것입니다. 아버지는 의욕을 상실한 채 인생을 즐기려고만 했습니다. 아버지가 우리에게 전해준 가치관은 당시 상황과 전혀 맞지 않았습니다. 재산을 모으려는 욕심도 없었고, 출세하려는 의지도 없었습니다. 단지 생계를 꾸려가는 데 필요한 만큼만 일했습니다. 아버지는 스키 타러 갈 돈을 빌려 오라고 나를 주요 고객에게 보낸 적도 있습니다. 그러고 돌아온 아버지는 돈을 갚으려면 일을 해야 했기에 몇 주 동안이나 짜증을 냈습니다. 우리 집안은 적당히 먹고살 만큼 돈을 벌었으므로 전형적인 자본가 집안이 아니었습니다. 그런 점에서 우리는 긍지를 느꼈습니다.

1944년 독일이 헝가리를 점령하자, 비상시국이라서

곧 법이 정상적으로 적용되지 않을 것임을 깨달은 아버지는 가족과 여러 사람에게 위조 신분증을 만들어주었습니다. 형편이 되는 사람들에게는 돈을 받았고, 어려운 사람에게는 무료로 해주었습니다. 이들은 대부분 목숨을 건졌습니다. 이때가 아버지의 전성기였습니다. 위조 여권을 갖고 살던 기간은 내게 매우 소중한 경험이었습니다. 가족과 나는 죽음의 문턱을 넘나들었습니다. 주변 사람들은 모두 비명에 갔지만, 우리는 살아남았을 뿐 아니라 다른 사람들을 돕기까지 했습니다. 우리는 정의의 편에 섰고, 엄청나게 불리한 확률을 극복해냈습니다. 그 덕분에 나는 매우 특별한 존재가 된 기분이었습니다. 대단한 모험이었습니다. 나는 아버지를 믿고 따랐고, 그래서인지 털끝 하나 다치지 않았습니다. 열네 살 소년이 무엇을 더 바라겠습니까?

나치의 지배를 벗어날 때는 행복감에 젖었지만, 소련이 헝가리를 점령한 다음에는 생활이 따분해지기 시작했습니다. 새로운 도전을 찾고 있던 나는 아버지의 도움으로 헝가리를 빠져나와 열일곱 살에 런던에서 학생이 되었습니다. 내 공부의 주된 관심사는 내가 태어난 이상한 세계를 더 잘 이해하는 것이었습니다. 나는 중요한 철학자가 되는 환상도 품고 있었음을 고백합니다. 내게 남다른 통찰력이 있다고 믿었거든요.

런던에서 살면서 나는 슬럼프에 깊이 빠졌습니다. 돈도 없고 외톨이였으며 사람들은 내 말에 관심이 없었습니다. 형편이 어려워서 허드렛일로 생계를 꾸려야 했지만, 그래도 철학자가 되려는 야망을 포기하지 않았습니다. 학업을 마치고 나서 여러 가지 일을 시작해보았으나 실패했습니다. 그러다가 마침내 뉴욕에서 차익거래 트레이더가 되었습니다. 그렇지만 시간이 날 때마다 철학 공부하기를 멈추지 않았습니다.

그렇게 해서 나는 첫 번째 주요 논문 〈의식이라는 무거운 짐(The Burden of Consciousness)〉을 저술하게 되었습니다. 이 논문에서 나는 포퍼가 제시한 열린 사회와 닫힌 사회의 틀로 모델을 구성하고자 했습니다. 유기적 사회는 전통적 사고방식과 연관지었고, 닫힌 사회는 독단적 사고방식과 연결했으며, 열린 사회는 비판적 사고방식과 연관지었습니다. 그러나 사고방식과 실제 현상 사이의 관계가 어떤 속성인지는 적절하게 설명하지 못했습니다. 이 문제에 계속 몰두한 나는 재귀성再歸性, reflexivity이라는 개념을 개발하게 되었습니다. 이 개념에 대해서는 뒤에 자세히 설명하겠습니다.

재귀성 개념을 통해서 나는 금융시장을 새로운 방식으로 바라보게 되었는데, 이것은 기존 이론보다 나은 방법이었습니다. 그 덕분에 처음에는 증권분석가로, 이어서 헤지펀드 매니저로서 우위를 확보하게 되었습니다. 나는 중대한 개념을 발견했으며 중요한 철학자가 된 듯한 환상에 빠지기도 했습니다.

간혹 직장 생활 중 난관에 부딪혔을 때는 철학 공부에 쏟던 에너지까지 모두 업무에 집중했습니다. 그러나 새로운 개념의 발견이 너무도 소중해 철학을 포기할 수는 없었기에 재귀성 개념을 더 깊이 연구해야 한다고 생각했습니다. 재귀성에 대해 더 깊이 파고들던 중, 나는 스스로 세운 복잡한 이론 속에서 길을 잃고 말았습니다. 어느 날 아침 깨어보니 전날 밤에 써놓은 글조차 이해할 수 없었습니다. 그 순간 철학 공부를 포기하고 돈벌이에 집중하기로 마음먹었습니다.

여러 해 지나 헤지펀드 매니저로 성공을 거둔 뒤에야 철학 공부를 다시 시작했습니다.

나는 1987년에 첫 저서 《금융의 연금술(The Alchemy of Finance)》을 발간해 금융시장을 분석하는 철학의 토대를 설명했습니다. 사람들이 이 책에 상당한 관심을 보였습니다. 헤지펀드 산업 종사자가 많이 읽었고, 대학원 교재로도 사용되었습니다. 그러나 철학에 관한 주장은 사람들에게 깊은 인상을 주지 못했습니다. 사람들은 투자에 성공한 후 스스로 철학자라고 착각하는 자의 자만심이라고 치부해버렸습니다.

나 자신도 새로운 통찰을 얻었는지 의심하게 되었습니다. 결국 나도 먼 옛날부터 철학자들이 연구해온 주제를 다루고 있었던 것입니다. 아무도 인정하지 않는데, 도 대체 무슨 근거로 새로운 발견을 했다고 생각했을까요? 내게는 무척이나 유용했던 이 개념의 틀을 다른 사람들은 유용하다고 생각하지 않은 듯합니다. 나는 사람들의 평가를 받아들일 수밖에 없었습니다. 그렇다고 철학에 대한 관심을 접어버린 것은 아니지만, 이제는 철학을 개인적인 취미 정도로 여기게 되었습니다.

나는 여전히 내 개념의 틀에 따라 투자를 진행하고 자선 사업도 벌이고 있습니다. 이 개념의 틀이 내 인생에서 차지하는 비중은 갈수록 커지고 있습니다. 그래서 책을 쓸 때마다 같은 주장을 충실하게 되풀이하고 있습니다. 그 덕에 내 개념의 틀이 발전하고 있지만, 나는 지금도 스스로 실패한 철학자라고 생각합니다. 심지어 '실패한 철학자의 재도전(A Failed Philosopher Tries Again)'이라는 제목으로 강연하기도 했습니다.

2008년 금융위기가 발생하자 이 모든 상황이 바뀌었습니다. 나는 개념의 틀 덕분에 금융위기를 예상할 수 있었고, 마침내 금융위기가 발생했을 때 대응할 수도 있었습니다. 또 대부분 사람보다 사건을 더 잘 설명하고 예측할 수 있었습니다. 이에 따라 나 자신에 대한 평가와 다른 사람들의 평가가 달라졌습니다. 내 철학은 이제 개인의 취미가 아닙니다. 우리가 현실을 이해하는 데 도움이 되므로 진지하게 다룰 가치가 있습니다. 바로 이런 이유로 이번에 연속 강연을 하게 된 것입니다.

오늘은 내 개념의 틀의 첫 번째 기둥인 오류성fallibility과 두 번째 기둥인 재귀성 개념을 일상적인 말로 설명하겠습니다. 내일은 이 개념들을 금융시장에 적용한 다음, 정치에도 적용해보겠습니다. 그러면 열린 사회라는 개념도 등장할 것입니다. 네 번째 강연에서는 시장 가치와 도덕 가치의 차이를 살펴볼 것입니다. 그리고 마지막 강연에서는 역사의 현재 시점에서 몇 가지 예측과 처방을 제시할 것입니다.

◎ ◎ ◎ ◎

　내 철학의 핵심 아이디어는 간단하게 두 가지로 설명할 수 있습니다. 첫 번째는 생각하는 사람이 어떤 상황에 속해 있을 때, 그 사람이 세상을 보는 관점은 항상 부분적이고 왜곡될 수밖에 없다는 것입니다. 이것이 오류성의 원리입니다. 두 번째는 이런 왜곡된 관점이 부적절한 행동을 낳기 때문에 그 상황에 영향을 미친다는 것입니다. 이것이 재귀성의 원리입니다. 예를 들어 마약 상용자를 범죄자로 취급하면 범죄 행위가 일어나게 됩니다. 문제를 잘못 파악한 탓에 마약 상용자를 잘못 다루는 셈이지요. 다른 예를 들어보겠습니다. 정부가 나쁘다고 선언하면 실제로 정부가 나빠지기 쉽습니다.

　오류성과 재귀성 둘 다 지극히 상식적인 개념입니다. 그래서 일부에서는 내가 당연한 말만 한다고 비판하는데, 이들의 말이 옳습니다. 그러나 부분적으로만 옳습니다. 내 주장이 가치가 있는 것은 사람들이 이런 개념의 중요성을 제대로 인식하지 못했기 때문입니다. 특히 사람들은 재귀성 개념을 의도적으로 회피했고, 경제 이론에서는 심지어 거부하고 있습니다. 따라서 내 개념의 틀을 진지하게 받아들여야 합니다. 새로운 발견이라서가 아니라 상식적인 개념인데도 의도적으로 무시했기 때문입니다. 인간사, 특히 경제학에서 헛되이 확실성을 추구하다가 재귀성을 인식하지 못한 것입니다. 그러나 불확실성이야말로 인간사의 핵심적 속성입니다. 경제 이론의 바탕이 균형 개념인데, 균형 개념은 재귀성 개념과 정면으로 충돌합니다. 다음에 설명하겠지만 두 개념은 금융시장을 완전히 다르게 해석합니다.

오류성 개념은 훨씬 명확합니다. 누구나 인정하듯이, 우리가 사는 세상은 너무도 복잡해서 우리의 능력으로는 이해할 수가 없습니다. 나도 이 주제에 대해서는 별다른 통찰력이 없습니다. 이해하기 어려운 주된 이유는 우리 자신까지 포함해서 상황을 파악해야 한다는 점입니다. 지극히 복잡한 상황을 파악해야 하므로 우리는 여러 가지 단순화 기법에 의지해야 합니다. 단순화 기법의 예를 들면 일반화, 이분법, 은유, 결정규칙, 도덕적 가르침 등이 있습니다. 게다가 이런 기법들도 가지각색이므로 상황이 더욱 복잡해집니다.

인간의 두뇌 구조 역시 왜곡을 일으키는 원천입니다. 최근 뇌과학이 발달하면서 두뇌의 기능이 일부 밝혀지기 시작했는데, 그 덕분에 이성이 감정의 노예라고 본 데이비드 흄David Hume*의 통찰이 옳은 것으로 입증되었습니다. 지성이나 이성이 육체와 분리되어 있다는 생각은 허구일 뿐입니다. 두뇌는 수백만 번이나 자극을 받지만, 의식이 동시에 처리할 수 있는 자극은 7~8개에 불과하므로 극히 짧은 시간 안에 자극을 압축하고 정리해서 해석해야 합니다. 여기서 실수와 왜곡이 불가피한 것이지요. 나는 원래부터 세상에 대한 우리의 이해가 본질적

---

* 스코틀랜드 철학자 겸 역사가. 그의 회의론은 19세기와 20세기 경험주의 철학에 커다란 영향을 미쳤다.

으로 불완전할 수밖에 없다고 주장했는데, 이제 뇌과학이 내 주장을 상세하고도 풍부하게 뒷받침합니다.

◎ ◎ ◎ ◎

재귀성 개념에 대해서는 조금 더 설명할 필요가 있습니다. 재귀성 개념은 생각하는 사람이 있는 상황에만 적용됩니다. 사람의 생각은 두 가지 기능을 수행합니다. 하나는 우리가 사는 세상을 이해하는 기능입니다. 나는 이것을 인지 기능cognitive function이라고 부릅니다. 다른 하나는 상황을 자신에게 이롭게 바꾸는 기능입니다. 이것은 참여 기능 또는 조작 기능manipulative function이라고 부릅니다.

두 기능이 생각과 현실을 연결하는 방향은 정반대입니다. 인지 기능에서는 현실이 사람의 관점을 결정합니다. 세상이 사람에게 영향을 주는 것이지요. 반면에 조작 기능에서는 사람이 세상에 영향을 줍니다. 다시 말해서 사람의 의도가 세상에 영향을 미칩니다. 두 기능이 동시에 작용하면 서로 간섭하게 됩니다. 어떻게요? 종속변수의 값을 결정하는 데 필요한 독립변수의 각 기능을 제거하는 것입니다. 그러면 한 기능의 독립변수는 다른 기능의 종속변수가 되고 두 기능 모두 진정한 독립변수가 되지 못합니다.

이는 인지 기능이 판단에 필요한 지식을 충분히 생산하지 못한다는 뜻입니다. 마찬가지로 조작 기능이 결과에 영향을 미칠 수는 있어도 결과를 결정할 수는 없습니다. 다시 말해서 결과가 사람의 의도에서 벗어나기 쉽습니다. 의도와 행동 사이에 차이가 발생할 수밖에 없고, 행동과 결과 사이에는 그 차이가 더 벌어질 수밖에 없습니다. 따라서 현실에 대한 우리의 이해도 불확실하고, 실제 사건이 어떻게 진행될지도 불확실합니다.

재귀성과 관련된 불확실성을 이해하려면 조금 더 깊이 분석해야 합니다. 인지 기능은 조작 기능에 방해받지 않는다면 지식을 생산할 수 있습니다. 지식은 명제로 표현됩니다. 명제는 사실과 일치하면 참입니다. 대응설 correspondence theory of truth[*]이 바로 이런 관점입니다. 그러나 조작 기능이 방해하면 사실은 명제의 진위를 판단하는 기준이 되지 못합니다. 사실 자체가 바뀌니까요.

'비가 온다'라는 명제를 생각해봅시다. 비가 오느냐에 따라 이 명제는 참이나 거짓이 됩니다. 이번에는 '지금은 혁명의 순간이다'라는 명제를 생각해봅시다. 이 명제는 재귀적再歸的이어서, 이 명제가 미치는 영향에 따라 참이나 거짓이 됩니다.

재귀적 명제는 자기참조self-referential[**] 명제인 거짓말쟁이의 역설[***]과 관계가 있습니다. 그런데 사람들은 자

---

[*] 지각이나 경험을 통해 확인할 수 있는 사태와 명제만 진리로 보는 견해

[**] 수학, 철학, 컴퓨터 프로그래밍과 언어학에서 공부하고 응용하는 개념으로서, 자기 자신을 지칭하는 문장이나 공식을 말한다.

[***] '지금 내 말은 거짓말이다'라는 문장처럼 자기 자신이 거짓임을 말하는 명제(자기 참조 명제)를 인정하는 데서 생기는 역설을 말한다. 이 같은 문장은 참도 거짓도 될 수 없는, 논리상의 문법 위반을 범하는 가짜 문장이다.

기참조는 폭넓게 분석했지만, 재귀성에는 관심을 기울이지 않았습니다. 이상한 일입니다. 재귀성은 현실 세계에 영향을 미치지만, 자기참조는 순전히 언어 현상인데 말입니다.

현실 세계에서는 사람들의 생각이 명제로 표현될 뿐만 아니라 다양한 행동으로도 나타납니다. 그래서 재귀성이 폭넓게 나타나며, 대개 피드백feedback, 되먹임, 환류 고리의 형태가 됩니다. 사람들의 생각은 사건 흐름에 영향을 미치고, 사건 흐름은 사람들의 관점에 영향을 미칩니다. 그 영향이 연속적이고 순환하므로 피드백 고리를 형성하게 됩니다. 이 순환 과정은 관점의 변화에서 시작될 수도 있고, 상황의 변화에서 시작될 수도 있습니다.

재귀적 피드백 고리는 철저하게 분석된 적이 없습니다. 그래서 내가 처음으로 분석하려 했을 때 여러 가지 복잡한 문제와 마주쳤습니다. 피드백 고리는 사람들의 관점과 실제 사건 흐름 사이에 존재하면서 양방향으로 영향을 줍니다. 그렇다면 사람들의 관점끼리는 양방향으로 영향을 주지 않을까요? 혹은 개인이 스스로 자신의 존재와 의미에 대해서 숙고한 다음 행동을 바꾸는 경우는 없을까요? 이런 문제를 해결하려다가 나는 나 자신이 만든 범주 속에서 길을 잃고 말았습니다. 그래서 어느 날 아침에 일어나 보니 전날 밤에 내가 쓴 글조차 이해할 수가 없었습니다. 바로 이때 나는 철학을 포기하고 돈 버는 일에 집중했습니다.

전에 내가 재귀성을 분석하면서 빠졌던 함정을 피하고자, 다음과 같이 용어를 정의하겠습니다. 현실을 객관적 측면과 주관적 측면으로 구분합시다. 생각은 주관적 측면이고, 사건은 객관적 측면입니다. 다시 말해서, 주관적 측면은 사람의 마음속에서 형성되고, 객관적 측면은 외부 현실에서 발생합니다. 외부 현실은 하나뿐이지만 주관적 측면은 여러 개가 존재합니다. 그러면 재귀성이 주관적 측면의 여러 현실과 연결되어 양방향 피드백 고리를 형성할 수 있습니다. 특별한 경우에는 주관적 측면이 하나일 때에도 양방향 피드백 고리가 형성됩니다. 개인이 홀로 자신의 정체성을 숙고할 때가 그런 경우입니다. 이것을 '자기 재귀성self reflexivity'이라고 부릅시다. 이제 우리는 두 가지 폭넓은 범주를 구분할 수 있습니다. 하나는 재귀적 '관계'로서, 현실의 주관적 측면을 연결하는 요소입니다. 다른 하나는 재귀적 '사건'으로서, 객관적 현실을 가리킵니다. 현실에 주관적 측면이 없다면 재귀성도 존재할 수 없습니다.

◎ ◎ ◎ ◎

피드백 고리는 긍정적일 수도 있고 부정적일 수도 있습니다. 부정적 피드백은 사람들의 생각과 실제 상황을 가깝게 접근시킵니다. 반면에 긍정적 피드백은 둘을 멀리 떼어놓습니다. 다시 말해서 부정적 피드백은 자신을 수정해가는 과정입니다. 이런 자기수정 과정은 영원히 계속될 수 있으며, 외부 현실이 크게 바뀌지 않는다면 결국 사람들의 생각과 실제 상황이 일치해 균형 상태에

도달하게 됩니다. 이런 균형 상태가 금융시장에서 발생할 수 있습니다. 그러나 균형이 경제학에서는 '중심적' 사례이지만, 내 개념의 틀에서는 부정적 피드백 과정에서 나타나는 '극단적' 사례입니다.

반면에 긍정적 피드백은 자신을 강화하는 과정입니다. 그러나 이런 자기강화 과정은 영원히 계속될 수가 없습니다. 사람의 관점이 결국 객관적 현실로부터 너무나 멀어지게 되므로 비현실적임을 깨닫게 되기 때문입니다. 이런 자기강화 과정은 실제 상황에 아무런 변화가 없어도 나타날 수 있습니다. 긍정적 피드백은 현실 세계에 유행하는 어떤 경향이든지 강화하기 때문입니다. 그래서 우리는 균형 대신 동태적 불균형, 달리 표현하자면 '균형과 동떨어진 상황'을 맞게 됩니다.

대개 균형과 동떨어진 상황에서는 인지와 현실의 차이가 극에 달한 나머지, 긍정적 피드백이 반대 방향으로 작용하기 시작합니다. 이렇게 처음에는 자기강화로 시작되지만 결국 자기파멸로 이어지는 호황—불황 과정이 바로 금융시장의 특성입니다. 물론 이런 현상은 다른 분야에서도 발생합니다. 이렇게 사람들이 현실을 왜곡해서 해석하고 여기서 나온 결과가 현실을 더 왜곡하는 현상을 나는 '풍부한 오류fertile fallacies'라고 부릅니다.

○ ○ ○ ○

지금까지 설명한 내용이 모두 매우 추상적이어서 이해하기 어려울 겁니다. 그래서 몇 가지 구체적인 사례를 제시하겠습니다. 그러나 정신을 집중해서 들어야 합니다. 추상적인 주장은 이해하기 어려우므로 다른 관점에서 설명하겠습니다. 현실, 생각 혹은 현실과 생각의 관계 등 추상적 개념을 다룰 때에는 혼동해서 문제의 방향을 잘못 잡기 쉽습니다. 그래서 오해와 잘못된 개념이 인간사에서 매우 중요한 역할을 하기도 합니다.

최근 금융위기도 금융시장의 작동 원리를 제대로 이해하지 못한 탓으로 돌릴 수 있습니다. 여기에 대해서는 다음 강연에서 논의하겠습니다. 세 번째 강연에서는 두 가지 '풍부한 오류'인 계몽주의 오류와 포스트모던 오류에 대해서 논의하고, 두 오류가 우리의 세계관에 얼마나 폭넓게 영향을 미쳤는지 살펴보겠습니다. 이런 구체적인 사례들은 잘못된 개념이 역사에 얼마나 중대한지를 명확하게 보여줍니다. 그러나 오늘 강연에서는 고도로 추상적인 개념만 다룰 것입니다.

◎ ◎ ◎ ◎

어떤 상황에 생각하는 사람이 포함되면 그 상황은 자연현상과는 구조적으로 달라집니다. 그 차이는 사람의 생각에서 비롯됩니다. 사람의 생각은 자연현상에 대해서 아무 영향을 미치지 못하며 인지 기능만 발휘합니다. 그러나 인간사에 대해서는 주관적 요소가 되어 인지 기능과 조작 기능을 모두 담당합니다. 두 기능은 서로 간섭을 일으킬 수 있습니다. 그렇다고 간섭이 항상 일어나는 것은 아닙니다. 운전이나 페인트칠 같은 일상생활에서는 두 기능이 실은 서로 보완해줍니다. 그러나 일단 간섭이 일어나면, 자연현상에는 존재하지 않는 불확실성 요소가 등장합니다. 불확실성은 인지 기능과 조작 기능에 모두 나타납니다. 사람은 불완전한 이해를 바탕으로 행동하고 이런 행동의 결과는 기대에서 벗어납니다. 이것이 인간사의 핵심적인 특징입니다.

반면에 자연현상에서는 사건이 사람의 관점과는 무관하게 전개됩니다. 외부 관찰자는 인지 기능만 발휘하므로, 자연현상에서 나타나는 기준으로 관찰자의 이론이 옳은지를 정확하게 판단할 수 있습니다. 따라서 외부 관찰자는 지식을 얻을 수 있습니다. 그리고 이 지식을 이용하면 자연을 효과적으로 조작할 수 있습니다. 따라서 인지 기능과 조작 기능이 자연스럽게 구분됩니다. 이런 구분 덕분에 두 기능은 자신의 역할을 더 잘 수행합니다.

이쯤에서 인간사에 불확실성을 일으키는 요소가 재

귀성만이 아니라는 점을 분명히 말해두고자 합니다. 물론 재귀성은 사람의 관점과 사건 둘 다에 불확실성을 일으키지만, 다른 요소들도 불확실성을 일으킬 수 있습니다. 예를 들면 사람은 다른 사람의 생각을 알 수 없습니다. 이것은 분명히 재귀성이 아닌데도 인간사에 불확실성을 일으킵니다. 사람마다 이해관계가 다르면 일부 이해관계가 충돌할 수 있는데 이것도 불확실성의 원천입니다. 게다가 사람들이 추구하는 여러 가치관이 서로 모순을 일으키기도 합니다. 이사야 벌린Isaiah Berlin*은 재귀성에서 비롯되는 불확실성보다 이런 요소들에서 발생하는 불확실성이 훨씬 많다고 지적합니다. 나는 이런 불확실성을 뭉뚱그려서 '인간 불확실성의 원리'라고 부르겠습니다. 이 개념은 재귀성보다 광범위합니다.

인간 불확실성의 원리는 데카르트 철학에 가득 찬 주

---

* 영국의 철학자이자 정치사상가. 전통적인 자유주의를 지지하고 다원주의를 신봉했으며, 사회를 조직하는 문제에 단 하나의 해결책만 있을 수 있다는 생각을 거부했다.

관적 회의론보다 훨씬 명확하고 엄격합니다. 따라서 우리의 인식과 기대가 정확하지 않다는 객관적 이유가 됩니다.

◎ ◎ ◎ ◎

인간 불확실성의 원리는 그 영향이 주로 인간에게 미치지만 사회과학에도 널리 영향을 미칩니다. 여기서는 포퍼의 과학적 방법론을 빌려 설명하는 편이 가장 좋겠습니다. 이것은 아름다울 정도로 단순하고 우아한 이론인데, 각각 세 가지 요소와 작업으로 구성됩니다. 세 가지 요소는 과학 법칙, 이 법칙에 적용되는 초기 조건 그리고 최종 조건입니다. 세 가지 작업은 예측, 설명, 검증입니다. 과학 법칙이 초기 조건과 결합하면 예측이 나옵니다. 과학 법칙이 최종 조건과 결합하면 설명이 나옵니다. 따라서 예측과 설명은 대칭을 이루며, 가역성可逆性[**]이 있습니다. 그리고 검증이란 과학 법칙에서 도출된 예측을 실제 결과와 비교하는 작업입니다.

　포퍼에 따르면 과학 법칙은 속성상 가설이며, 옳다고 입증할 수는 없고 검증을 통해서 틀렸음을 밝힐 수 있을 뿐입니다. 과학적 방법의 성공을 가르는 열쇠는 한 번의 관찰로 보편적 타당성을 종합해 검증할 수 있느냐 하는 것입니다. 검증을 한 번만 통과하지 못해도 이론은 기각되기에 충분하지만, 들어맞는 사례가 아무리 많더라도 옳다고 입증할 수는 없습니다.

　과학이 실증적인 동시에 합리적이기 어렵지만 포퍼의 방법론은 이 문제를 탁월하게 해결해줍니다. 이론에서 도출된 예측이 참인지 검증하므로 실증적이고, 이 과정에서 연역적 논리를 사용하므로 합리적입니다. 포퍼는 귀납적 논리를 사용하지 않고 그 대신 검증에 의존합니다. 기각될 수 없는 이론은 과학이 될 수 없습니다. 포

** 물질이 어떤 상태로 변했다가 다시 원래의 상태로 돌아갈 수 있는 성질

퍼는 과학적 방법에서 검증의 역할이 중요하다고 강조했습니다. 그리고 과학적 방법은 잠정적으로만 타당하므로 언제든 다시 검증받을 수 있다고 역설하면서 비판적 사고를 강력하게 옹호했습니다.

따라서 포퍼의 방법론이 지닌 두드러진 특성 세 가지는 예측과 설명이 대칭을 이루고, 검증과 기각이 비대칭적이며, 검증의 역할이 중요하다는 점입니다. 검증 덕분에 과학은 성장, 개선, 혁신을 이룰 수 있습니다.

포퍼의 방법론은 자연현상을 연구할 때는 잘 들어맞습니다. 그러나 사회현상을 연구할 때는 인간 불확실성의 원리가 지극히 단순하고 우아한 포퍼의 방법론을 망쳐버립니다. 예측과 설명 사이의 대칭 관계가 무너져버립니다. 예측이 불확실해지는 데다 검증이 중심적 역할을 하기가 어렵기 때문입니다.

사람의 생각을 초기 조건과 최종 조건에 포함해야 할까요, 제외해야 할까요? 검증 과정에서도 조건을 똑같이 유지해야 하므로 이것은 중요한 질문입니다. 사람의 생각을 포함한다면 초기 조건과 최종 조건을 관찰하기가 어렵습니다. 생각은 사람의 말이나 행동을 보고 추론할 수밖에 없기 때문입니다. 사람의 생각을 제외한다면 초기 조건과 최종 조건을 한 번만 관찰하는 것으로는 부족합니다. 똑같은 객관적 조건이더라도 사람들의 전혀 다른 생각이 담겨 있기 때문입니다. 사람의 생각을 포함하든 제외하든, 이론은 적절하게 검증할 수가 없습니다. 그렇다고 사회과학자들이 가치 있는 이론을 만들어낼 수 없다는 뜻은 아닙니다. 다만 포퍼의 방법론이 제시하는 요건을 채우기도 어렵고, 물리학 법칙처럼 예측력이 높지도 않다는 뜻입니다.

그러나 사회과학자들은 이런 결론을 받아들이고 싶어 하지 않았습니다. 특히 경제학자들은 프로이트 방식으로 표현하면 '물리학을 선망'했습니다.

◎ ◎ ◎ ◎

　지금껏 사람의 생각과 실제 상황이 맺는 관계를 고정함으로써 인간 불확실성의 원리를 없애보려는 시도가 많았습니다. 카를 마르크스는 이데올로기 상부 구조가 생산 활동의 물질적 조건에 따라 결정된다고 주장했습니다. 그리고 프로이트는 사람의 행동이 무의식적인 충동과 강박관념 때문에 나타난다고 단언했습니다. 두 사람 모두 자신의 이론이 과학이라고 주장했지만, 이들의 이론은 검증 과정을 통해서 기각될 수가 없습니다.

　경제 이론이 했던 시도가 단연 가장 인상적이었습니다. 경제학에서는 먼저 지식이 완전하다고 가정했고, 이 가정을 지탱하기가 어려워지면 더 왜곡된 가정을 내세웠습니다. 경제학은 마침내 합리적 기대 이론을 만들어냈습니다. 이 이론에 따르면 미래에 대한 최적 관점은 하나만 존재하며, 모든 시장 참여자의 관점도 결국 이 관점으로 수렴합니다. 정말 터무니없지만 경제 이론이 뉴턴 물리학과 같은 이론이 되려면 이런 주장을 해야 합니다.

흥미롭게도 칼 포퍼와 프리드리히 하이에크Friedrich Hayek* 모두 〈에코노미카Economica〉**에 실은 유명한 글에서, 사회과학은 물리학과 같은 연구 성과를 낼 수 없다고 말했습니다. 하이에크는 자연과학에서 쓰는 계량 기법을 비판 없이 기계적으로 사회과학에 적용하는 행태를 맹렬히 비판했습니다. 그는 이런 행태를 '과학주의scientism'라고 불렀습니다. 그리고 〈역사주의의 빈곤(The Poverty of Historicism)〉이란 글에서, 역사는 보편타당한 과학적 방법으로 결정되는 것이 아니라고 주장했습니다.

그런데도 포퍼는 '기법 통일의 원칙(doctrine of the unity of method)'을 선언했는데, 이는 자연과학과 사회과학 모

---

*   오스트리아 태생의 영국 경제학자이자 정치철학자로, 케인스의 이론에 맞서서 자유 시장 경제 체제를 옹호했다.

**   런던정경대학에서 발간하는 경제 학술지

두 같은 기준으로 평가해야 한다는 뜻이었습니다. 그리고 하이에크는 시카고학파를 만들어 시장근본주의를 창시했습니다. 그러나 내가 보기에 인간 불확실성의 원리가 주는 의미는 자연과학과 사회과학의 주제가 서로 근본적으로 다르다는 점입니다.

따라서 자연과학과 사회과학은 기법도 다르고 기준도 달라야 합니다. 경제 이론으로 역사적 사건을 거꾸로 설명하고 예측할 수 있는 보편타당한 법칙을 만들어내려 해서는 안 됩니다. 자연과학을 천박하게 모방해서는 인간과 사회현상을 왜곡할 수밖에 없기 때문입니다. 자연과학을 모방하더라도 사회과학에서는 물리학 같은 성과를 거둘 수가 없습니다.

◎ ◎ ◎ ◎

나는 자연과학과 사회과학을 너무 명확하게 구분했다는 점이 마음에 걸립니다. 이런 식의 이분법은 대개 현실 세계에서는 찾아볼 수가 없습니다. 혼란스러운 현실을 어떻게든 이해해보려고 이분법을 동원하는 것입니다. 실제로 물리학과 사회과학은 명확하게 구분할 수 있더라도, 생물학과 동물사회학처럼 둘 사이 어딘가에 존재하는 과학도 있습니다.

그렇더라도 나는 자연과학과 사회과학에 대해 단호하게 이분법을 적용할 수밖에 없습니다. 사회과학은 인간 불확실성의 원리 말고도 추가적인 문제에 직면하기 때문입니다. 그래서 사회 이론은 그 자체가 재귀적입니다.

베르너 하이젠베르크Werner Heisenberg*가 물리학에서 불확정성의 원리를 발견한 다음에도 양자 입자의 움직임은 전혀 달라지지 않았습니다. 그러나 마르크스주의,

---

*   양자역학에 기여한 독일의 이론물리학자로, 불확정성의 원리를 제시했다. 예컨대 불확정성의 원리에 따르면 양자역학에서 위치와 운동량이라는 두 가지 물리적 속성을 동시에 정확히 알 수는 없다. 한 가지 속성을 정확히 알수록 다른 속성의 정확도는 떨어진다는 뜻이다.

시장근본주의, 재귀 이론 같은 사회 이론들은 관련 주제에 영향을 미칠 수 있습니다. 과학적 방법론은 진리 추구에 몰두해야 합니다. 하이젠베르크의 불확정성의 원리는 가정과 충돌하지 않지만, 사회 이론은 재귀성 때문에 가정과 충돌을 일으킵니다.

사회과학은 적극적으로 상황을 바꿀 수 있는데도 소극적으로 사회현상을 연구하는 데 머물 이유가 있을까요? 《금융의 연금술》에서도 언급했지만, 연금술사들이 비금속의 속성을 바꾸려 한 것이 실수였습니다. 이들은 금융시장에 관심을 집중하는 편이 옳았습니다. 그랬다면 성공했을 것입니다.

어떻게 하면 사회과학이 이런 충돌을 피할 수 있을까요? 방법은 간단합니다. 자연과학과 사회과학을 이분법으로 나누십시오. 그러면 사회 이론에 자연과학 이론을 잘못 유추하지 않고 나름의 특성을 제대로 평가할 수 있습니다. 이것이 사회과학을 타락시키지 않으면서 과학적 방법론을 보호하는 방법입니다. 따라서 새로운 관행이 되어야 합니다. 이 관행 아래에서는 사회과학의 영역 제한이 없어집니다. 사회과학이 이제 자연과학을 천박하게 모방하지 않게 되고, 잘못된 기준으로 평가받을 일도 없어지므로, 사회과학에 새로운 지평이 열릴 것입니다. 나는 바로 이런 정신 자세로 내일 금융시장에 대한 내 나름의 해석을 제시하겠습니다.

난해한 추상적 개념에 대해 너무 길게 논의해서 미안합니다. 다음 강연은 더 현실적인 내용으로 진행하겠습니다.

THE SOROS
LECTURES

THE SORO

두 번째 강연

Financia

금융시장

나는 거품이 형성되는 모습을 발견하면 즉시 자산을 사들여 불난 곳에 기름을 붓습니다. 이것은 이상한 행동이 아닙니다.

그러므로 거품이 너무 커질 위험이 있으면 규제 당국은 시장에 대응해야 합니다. 시장 참여자들이 아무리 박식하고 합리적이더라도 이들을 믿어서는 안 됩니다.

오류와 불확실성에
투자하라

이 시간에는 첫 번째 강연에서 소개한 개념인 오류성, 재귀성, 인간 불확실성의 원리 등을 금융시장에 적용합니다. 내가 평생에 걸쳐 쌓은 경험을 오늘 강연에 압축해서 전달할 테니, 여러분은 정신을 바짝 차리시기 바랍니다.

금융시장은 어제 강연에서 추상적으로 설명한 아이디어를 검증하기에 기막힌 실험실입니다. 사건이 전개되는 과정을 관찰하기가 다른 어떤 분야보다 쉽기 때문입니다. 사실이 숫자로 표현되며, 데이터가 잘 기록되고 보존됩니다. 금융시장과 관련해 내가 제기한 해석이 지금까지 금융시장을 지배해온 효율적 시장 가설efficient market hypothesis과 정면으로 부딪히므로 검증할 기회도 많습니다.

효율적 시장 가설은 시장이 대개 균형을 이룬다고 주장하며, 외부에서 충격을 받는 경우에만 무작위로 균형에서 벗어난다고 말합니다. 이 이론이 옳다면 내 이론이 틀린 것이고, 반대로 내 이론이 옳다면 효율적 시장 가설이 틀린 것입니다.

◎ ◎ ◎ ◎

내 개념의 틀을 금융시장에 적용할 때 가장 중요한 두 가지 원리를 설명하겠습니다. 첫째, 시장 가격은 항상 펀더멘털을 왜곡합니다. 왜곡의 정도는 무시해도 좋을 정도로 작을 수도 있고 매우 클 수도 있습니다. 이 원리는 시장이 모든 정보를 정확하게 반영한다고 주장하는 효율적 시장 가설과 정면으로 부딪힙니다.

둘째, 금융시장은 시장의 현실을 반영하는 소극적인 역할뿐 아니라 이른바 펀더멘털에 영향을 미치는 적극적인 역할도 담당합니다. 그러나 행동경제학behavioral economics*은 바로 이 부분을 놓칩니다. 사람들이 금융 자산의 가격을 잘못 산정하는 과정에만 집중할 뿐, 잘못된 가격 산정이 펀더멘털에 미치는 영향은 다루지 않으므로, 행동경제학은 재귀 과정의 절반만 분석합니다.

금융 자산의 가격이 잘못 설정되어 펀더멘털에 영향을 주는 방법은 여러 가지입니다. 가장 흔한 방법은 지렛대 효과**를 사용할 때 나타납니다. 다양한 피드백 고리를 보면 대개 시장이 옳다는 인상을 받지만, 실제로

---

*   의사결정 과정이 실제 결정에 미치는 영향을 연구하는 경제학
**   자금을 차입하거나 금융상품을 이용해서 투자수익률을 높이려는 행위

작용하는 메커니즘은 효율적 시장 가설이 제시하는 바와 매우 다릅니다.

나는 금융시장이 펀더멘털을 바꿔놓을 수 있으며, 그 결과 시장 가격과 펀더멘털이 더 가까워질 수 있다고 주장합니다. 시장이 항상 현실을 정확하게 반영해 자동으로 균형을 유지한다고 주장하는 효율적 시장 가설과 내 주장을 비교해보시기 바랍니다.

내가 주장하는 두 가지 원리는 금융시장의 특징인 재귀적 피드백 고리에 주목합니다. 어제 강연에서 부정적 피드백과 긍정적 피드백을 설명했습니다. 금융시장에서도 부정적 피드백은 자기수정 과정이고, 긍정적 피드백은 자기강화 과정입니다. 따라서 부정적 피드백은 균형을 이루는 경향이 있지만, 긍정적 피드백은 역동적 불균형을 만들어냅니다. 긍정적 피드백은 시장 가격과 펀더멘털 모두에 큰 변동을 일으킬 수 있으므로 더 흥미로운 요소입니다.

긍정적 피드백 과정에서는 처음에 한쪽으로 자기강

화가 진행되지만, 마침내 절정에 도달한 다음에는 반대쪽으로 자기강화가 진행됩니다. 그러나 긍정적 피드백 과정이 항상 모든 과정을 거치는 것은 아닙니다. 부정적 피드백의 영향으로 언제든지 진행 과정이 중단될 수 있습니다.

◦ ◦ ◦ ◦

나는 이런 맥락에서 호황이 불황으로 반전되는 거품 이론을 개발했습니다. 모든 거품에는 두 가지 요소가 있습니다. 하나는 현실 세계에서 유행하는 추세이고, 다른 하나는 그 추세에 대한 착각입니다. 추세와 착각이 서로 작용하면서 함께 강해질 때 거품이 형성되기 시작합니다. 이 과정은 도중에 부정적 피드백으로 검증받기도 합니다. 그러나 추세가 매우 강력해서 검증을 통과하면 추세와 착각 모두 더욱 강화됩니다. 마침내 시장에 대한 기대가 현실과 너무나 동떨어지면, 사람들은 자신의 착각을 깨닫게 됩니다. 이제 사람들 사이에 의심이 자라나고 확신이 줄어드는 혼돈의 기간이 이어지지만, 현재의 추세가 관성에 의해 유지됩니다.

씨티그룹의 대표였던 척 프린스Chuck Prince는 말했습니다. "연주가 이어지는 한, 우리는 일어나 춤을 출 수밖에 없습니다. 그래서 우리는 여전히 춤추고 있습니다." 결국 추세가 반전되는 지점에 도달하면 이제는 반대 방향으로 자기강화가 진행됩니다.

1987년에 내가 처음 이론을 제안할 때 사용했던 사례를 떠올려보겠습니다. 1960년대 말에는 복합기업*이 대유행이었습니다. 이런 추세를 대표하는 지표가 주당순이익이었고, 주가도 주당순이익을 따라갔습니다. 복합기업들은 다른 기업들을 인수하는 방법으로 주당순이익을 높였습니다. 주당순이익 증가에 대한 사람들의 기대

---

*   자기 본래의 업종과는 관련이 없는 업종의 기업을 차례로 매수·합병해 급속히 거대해지는 특이한 형태의 기업

는 계속 높아졌지만, 결국 현실은 기대를 따라갈 수가 없었습니다. 혼돈의 기간이 지나자 주가 추세는 반전되었습니다. 한쪽 구석에 덮어놓았던 문제들이 모두 표면으로 드러났고, 이익이 가파르게 감소했습니다. 당시 복합기업 오그덴코퍼레이션Ogden Corporation의 사장이 내게 실상을 말해주었지만, 내가 이 말을 전하려 해도 귀 기울이는 사람이 아무도 없었습니다.

78쪽 도표는 복합기업 거품 모델입니다. 오그덴코퍼레이션 같은 복합기업의 실제 도표도 이와 매우 비슷합니다. 이 패턴을 따르는 거품들은 (1) 시작 (2) 가속 기간 (3) 검증을 거쳐 더 강화됨 (4) 혼돈 기간 (5) 정점 (6) 하락세 가속 (7) 금융위기 절정의 독특한 단계를 거칩니다.

각 단계가 얼마나 강하고 얼마나 오래갈지는 예측할 수 없지만, 각각 논리적으로 순서에 따라 진행됩니다. 따라서 순서는 예측할 수 있지만, 이 순서도 정부의 개입이나 다른 부정적 피드백의 영향으로 중단될 수 있습니다. 리스코시스템즈 앤드 리서치코퍼레이션Leasco Systems and

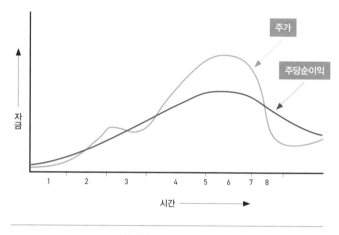

복합기업의 거품 모델 이론

Research Corporation이 매뉴팩처러 하노버 트러스트 컴퍼니 Manufacturer Hanover Trust Company 인수에 실패하자, 복합기업 호황은 정점을 형성하고 하락세로 돌아섰습니다.

거품은 형태가 대개 비대칭입니다. 호황은 길고 지루하게 이어집니다. 천천히 시작되어 점차 가속되다가 혼돈기에는 보합세를 유지합니다. 붕괴는 짧고 가파르게 진행됩니다. 부실 자산이 강제 청산되기 때문입니다. 환멸은 공포로 바뀌고, 공포는 금융위기 때 절정에 도달합니다.

가장 단순한 사례가 부동산 호황입니다. 대출 이자율이 내려가고 대출받기가 쉬워지면 부동산 호황이 촉진됩니다. 사람들은 부동산 담보 가치가 대출시장과 상관없다고 착각합니다. 그러나 실제로 부동산 대출시장과 부동산 담보 가치는 서로 재귀적 관계입니다. 대출 이자율이 내려가고 대출받기가 쉬워지면 부동산 거래가 활발해지고 부동산 가치가 상승합니다. 부도 건수가 감소해 사람들의 신용도가 개선되며 대출 기준도 완화됩니다. 따라서 부동산 호황의 정점에서는 대출이 최대 규모에 이르며, 반전 단계에서는 강제 청산이 진행되어 부동산 가치가 떨어지게 됩니다.

그러나 이런 착각은 다양한 형태로 계속 되풀이됩니다. 1982년 세계 금융위기는 국가 채무를 중심으로 발생했으며, 담보와는 무관했습니다. 채무국의 신용도는 GDP 대비 외채 비율, 수출 대비 외채상환부담률 등 다양한 채무 비율로 측정했습니다. 사람들은 이런 비율이 객관적 기준이라고 생각했지만 사실은 재귀적이었습니다.

1970년대에 석유 판매 대금 덕분에 브라질 같은 나라에 자금 유입이 증가하자 채무 비율이 개선되었고, 이에 따라 자금이 더 유입되면서 거품이 형성되기 시작했습니다. 그러나 폴 볼커*가 인플레이션을 잡으려고 금리를 인상한 직후, 이 거품이 터졌습니다.

◇ ◇ ◇ ◇

모든 거품이 대출 증가에서 비롯되는 것은 아닙니다. 주식 차입매수equity leveraging에서 발생하기도 합니다. 가

---

*   1979년부터 1987년까지 미국 연방준비제도이사회(FRB) 의장을 지냈으며, 재임 시절 연 20%가 넘는 살인적인 고금리 정책을 강행하면서 13.5%에 이르던 물가상승률을 3.2%로 끌어내려 미국 경제가 장기 호황을 구가하는 데 토대를 마련한 인물로 평가받는다. 오바마 정부에서는 백악관 경제회생자문위원회(ERAB) 위원장을 맡았다.

장 대표적인 예가 1960년대 말 복합기업 호황과 1990년
대 말의 인터넷 거품입니다. 1996년에 앨런 그린스펀은
이상과열을 언급했지만, 그는 거품에 대해 잘못 설명했
습니다. 나는 거품이 형성되는 모습을 발견하면 즉시 자
산을 사들여 불난 곳에 기름을 붓습니다. 이것은 이상한
행동이 아닙니다. 그러므로 거품이 너무 커질 위험이 있
으면 규제 당국은 시장에 대응해야 합니다. 시장 참여자
들이 아무리 박식하고 합리적이더라도 이들을 믿어서는
안 됩니다.

◎ ◎ ◎ ◎

재귀성이 꼭 거품의 형태로 나타나는 것은 아닙니다.
그러나 거품은 가장 극적이며, 효율적 시장 가설을 가장
직접적으로 반박합니다. 따라서 특별히 관심을 기울일
만합니다. 재귀성은 여러 다양한 형태로도 나타납니다.
예를 들어 외환시장은 상승과 하락이 대칭적이며, 호황

과 불황에도 비대칭이 나타나지 않습니다. 그러나 균형도 나타나지 않습니다. 환율은 대개 자유롭게 움직이면서 여러 해에 걸쳐 거대한 파동을 형성합니다.

가장 중요하고도 흥미로운 재귀적 상호작용은 금융당국과 금융시장 사이에서 일어납니다. 시장은 대개 균형을 이루지 않으므로 주기적으로 위기를 일으키기 쉽습니다.

그리고 금융위기가 발생하면 규제 개혁이 뒤따릅니다. 이런 과정을 거쳐서 중앙은행 제도와 금융시장에 대한 규제가 발전했습니다. 금융 당국과 시장 참여자 모두 완전히 이해하지 못한 상태에서 행동하며, 따라서 이들의 상호작용에서 재귀성이 나타납니다.

거품은 간헐적으로만 발생하지만 당국과 시장 사이의 상호작용은 계속해서 진행됩니다. 어느 한쪽만 착각을 일으킬 때에는 거품이 일어나지 않습니다. 당국이 시장의 반응에서 유용한 피드백을 얻어서 잘못을 수정할 수 있기 때문입니다. 그러나 때로는 이런 잘못이 스스로

타당성을 입증하면서 악순환이나 선순환을 일으키기도 합니다. 이런 피드백 고리는 처음에 자기강화로 시작되어 마침내 자멸로 이어진다는 점에서 거품과 닮았습니다. 당국은 금융위기에 대응하려고 주기적으로 개입했는데, 실제로 이런 개입이 2007~2008년에 터진 '거대 거품'을 만들어내는 데 결정적인 역할을 했습니다.

○ ○ ○ ○

가격 왜곡이 모두 재귀성 때문에 일어나는 것은 아닙니다. 시장 참여자들은 지식으로만 판단할 수가 없습니다. 미래도 예상해야 하는데, 미래는 사람들이 나중에 내리는 결정에 따라 달라집니다. 사람들이 나중에 어떤 결정을 내릴지, 이런 결정이 어떤 영향을 미칠지는 정확하게 예상할 수가 없습니다. 그런데도 사람들은 판단을 내릴 수밖에 없습니다. 정확하게 예상하려면 모든 사람의 결정을 알고 그 결정이 미치는 영향도 알아야 하지만,

이것은 불가능한 일입니다.

합리적 기대 이론은 정확한 기대가 하나뿐이며 사람들의 견해가 이 기대로 수렴된다고 가정함으로써 이 불가능한 일에서 빠져나가려고 합니다. 이런 가정은 현실과 전혀 다른데도 대학에서는 현재 금융경제학의 기초로 가르치고 있습니다. 실제로 시장 참여자들은 불확실한 상황 속에서 결정을 내릴 수밖에 없습니다. 그래서 결정도 불확실하고 편향될 수밖에 없습니다. 바로 이런 이유로 가격이 왜곡됩니다.

때로는 가격 왜곡이 호황－불황 과정을 시작하기도 합니다. 이런 과정은 흔히 부정적 피드백의 영향으로 수정됩니다. 이런 때 시장은 무작위로 오르내립니다. 나는 이런 오르내림을 큰 파도가 아니라 수영장에 이는 잔물결에 비유합니다. 물론 큰 파도가 더 중요하지만 잔물결이 더 자주 나타납니다. 이런 두 가지 가격 왜곡이 뒤섞이므로, 현실 세계에서 호황－불황 과정이 우리 모델을 정확하게 따르는 경우는 거의 없습니다. 거품이 너무도 강력해서 나머지 잔물결들을 압도하는 드문 경우에만 거품이 내 모델에서 설명한 패턴을 따라가게 됩니다.

◎ ◎ ◎ ◎

균형에 가까운 상황(시장이 무작위로 오르내린다)과 균형에서 동떨어진 상황(거품이 압도한다)을 구분해두면 유용합니다. 균형에 가까운 상황은 단조롭고 반복적인 일상 사건들이라서 통계 이론으로 나타낼 수 있습니다. 그러나 균형에서 동떨어진 상황은 독특한 역사적 사건을 일으키며 그 결과가 불확실해서, 일상적 사건에 바탕을 둔 통계 이론을 무너뜨릴 수 있습니다.

균형에 가까운 상황에서 결정에 도움이 되는 원칙들은 균형에서 동떨어진 상황에는 적용되지 않습니다. 최근 금융위기가 바로 그런 경우입니다. 균형에 가까운 상황을 가정해서 만든 모든 위험 관리 도구와 파생 금융상품이 무너져버렸고, 이런 상황에 적합한 수학 모델에 의

존했던 사람들은 심한 타격을 받았습니다.

나는 최근 금융위기를 겪으면서 균형에서 동떨어진 상황에 대해 새로운 통찰을 얻었습니다. 나는 엄청난 시간 압박 속에서 투자를 결정해야 했으므로, 가용 정보를 모두 수집할 수가 없었습니다. 당시 규제 당국도 마찬가지였습니다. 그래서 균형에서 동떨어진 상황은 통제 범위를 벗어납니다.

이런 상황은 금융시장에서만 일어나는 것이 아닙니다. 예를 들어 소련 붕괴 기간에도 이런 경험을 했습니다. 시장 참여자들이 시간의 제약 속에서 생각해야 한다는 사실을 합리적 기대 이론은 고려하지 못했습니다.

재귀성과 관련된 불확실성을 의식하고 있었지만 2008년에 발생한 엄청난 불확실성에는 나 자신도 깜짝 놀랐습니다. 그래서 값비싼 대가를 치렀습니다. 나는 시장의 방향은 전반적으로 바르게 잡았지만 변동성을 충분히 고려하지 못했습니다. 그 결과 내가 보유한 포지션*의 변동성이 너무 커져서 버티기 어려워졌고, 그래서 위험을 제한하려고 잘못된 시점에 여러 차례 포지션을 줄일 수밖에 없었습니다. 더 작은 규모로 포지션을 고수했다면 실적이 더 좋았을 것입니다. 불확실성의 범위 역시 불확실해서 때로는 무한히 커질 수 있다는 사실을 어렵게 배운 것입니다.

불확실성은 변동성으로 나타납니다. 변동성이 증가하면 위험 노출을 줄여야 합니다. 그래서 존 메이너드 케인스의 표현을 빌리면 '유동성 선호가 증가'합니다. 포지션 강제 청산도 금융위기에 나타나는 특징 요소입니다. 위기가 고비를 넘기고 불확실성이 줄어들면 유동성 선호 현상이 감소세로 반전하면서 주식시장이 거의 틀림없이 반등합니다. 이것도 내가 최근에 얻은 교훈입니다.

나는 혼란스러운 현실을 이해하려고 균형에 가까운

---

* 매입하거나 매도한 증권 보유량을 말하며, 선물시장에서 증권을 매도했다면 포지션이 마이너스(−)가 된다.

상황과 균형에서 동떨어진 상황을 구분했지만, 현실이 꼭 이렇게 구분되는 것은 아닙니다. 현실은 항상 더 복잡해서 이분법을 적용하기가 어렵습니다. 최근 위기는 100년 만의 폭풍에 비유할 수 있습니다. 이전에도 수많은 위기가 있었습니다. 이런 위기들은 5년 만의 폭풍이나 10년 만의 폭풍에 비유할 수 있습니다. 규제 당국이 작은 폭풍에 효과가 있었던 방법을 100년 만의 폭풍에 적용해서는 효과를 거두기가 어렵습니다.

◦ ◦ ◦ ◦

지금까지 전반적인 흐름을 설명했으므로, 이제는 구체적인 가설을 제시해서 최근 금융위기를 설명해보겠습니다. 이 설명은 거품 이론에서 연역 논리로 도출한 내용이 아니지만 둘은 일맥상통합니다.

2007년 서브프라임* 거품이 터지면서 거대 거품도 터졌는데, 이는 평범한 폭탄이 터지면서 핵폭발을 일으킨 것과 같습니다. 미국의 부동산 거품은 자산담보부증권Collateralized Debt Obligation, CDO[**]과 그 외의 합성 금융상품들을 널리 활용했다는 점을 제외하면 매우 흔한 형태였습니다. 이 평범한 거품 뒤에서 훨씬 큰 거대 거품이 장기간 성장하고 있었다는 점이 정말이지 특이한 점이었습니다.

이 거대 거품이 추세를 주도하면서 신용credit과 레버리지leverage가 끝없이 증가했습니다. 그리고 금융시장은 스스로 수정하는 능력이 있으므로 간섭하지 말고 내버려 두어야 한다는 오해가 널리 퍼져 있었습니다. 레이건 대통령은 이것을 '시장의 마법'이라고 불렀지만, 나는 '시장근본주의'라고 부릅니다. 로널드 레이건이 미국 대통령이고 마거릿 대처가 영국 총리이던 1980년대에 이

---

[*] 미국에서 신용등급이 가장 낮은 소득층을 대상으로 높은 금리로 주택 구매 자금을 빌려주는 비우량 주택담보대출 제도

[**] 채권이나 회사채를 유동화전문회사(SPV)에 이전해 이를 담보로 발행하는 증권

런 사고가 지배적인 신조가 되었습니다.

거대 거품이 특이한 점은 금융위기 때문에 더 커졌다는 사실입니다. 시장은 홀로 내버려 두어도 안전하다는 생각이 착각이었으므로, 거대 거품이 여러 금융위기를 일으켰습니다. 가장 중요한 것은 1982년 세계 금융위기였습니다. 뒤이어 여러 금융위기가 발생했는데, 두드러진 것으로 1987년 10월 포트폴리오 보험에 의한 시장 폭락*, 1989~1994년에 다양한 형태로 발생한 저축대부조합 위기, 1997~1998년 신흥 시장 위기, 2000년 인터넷 거품 붕괴가 있습니다.

금융위기가 일어날 때마다 당국이 개입해 부실 금융

---

* 1987년 10월 대폭락에 대한 가장 유력한 설명이 프로그램 거래다. 많은 투자자가 포트폴리오의 손실을 일정 수준에서 막기 위해서, 주가가 어느 수준까지 내려가면 자동으로 매도 주문을 실행하도록 사전에 프로그램을 설정했다. 이를 포트폴리오 보험 전략이라고 부르기도 한다. 그러나 프로그램 매도 주문이 실행되면서 주가가 더 내려갔고, 그래서 다른 프로그램 매도 주문이 연쇄적으로 실행되어 대폭락을 일으킨 것으로 분석된다.

기관을 합병하거나 처리했으며, 통화 정책과 재정 지원을 통해서 경제를 보호했습니다. 이런 조처 때문에 신용과 레버리지가 끝없이 증가하는 추세가 더욱 굳어졌습니다. 그러나 이런 조처가 위기에 효과를 보이는 한, 시장은 내버려 두어도 안전하다는 착각 역시 더욱 굳어졌습니다. 금융 시스템을 구한 것은 당국의 개입이었으므로 이는 분명히 착각이었습니다. 그런데도 이런 위기를 거치면서 착각이 검증을 통과했고, 따라서 거대 거품을 더욱 키우게 되었습니다.

마침내 신용 팽창을 지탱할 수 없게 되자 거대 거품이 터졌습니다. 2007년 비우량 주택담보대출 시장이 붕괴하자 다른 시장도 잇달아 하나씩 무너졌습니다. 이들은 모두 서로 연결되어 있었으며, 규제 완화로 방화벽도 제거된 상태였기 때문입니다. 이것이 최근 금융위기가 이전의 모든 금융위기와 다른 점입니다. 착각이 이전의 위기들을 거치면서 검증을 통과해 더욱 강화되었으나 2007년 서브프라임 위기가 정점을 형성했던 것입니다.

2008년 9월 15일 리먼 브러더스가 파산하자 붕괴는 절정에 이르렀고, 금융 당국이 서둘러 대규모로 개입했습니다.

내가 제시한 호황-불황 모델로는 착각이 검증을 통과할지 예측하지 못합니다. 거대 거품은 물론 평범한 거품에 대해서도 예측하지 못합니다. 나는 1997~1998년에 발생한 신흥 시장 위기가 거대 거품의 정점이 될 것으로 생각했으나 틀렸습니다.

당국은 금융 시스템을 구해냈고 거대 거품은 계속 자라났습니다. 그래서 마침내 2007~2008년에 찾아온 붕괴가 그만큼 더 파괴적이었습니다.

리먼 브러더스가 파산한 다음, 금융시장을 인위적으로 연명시켜야 했습니다. 금융 산업은 물론 실물 경제에도 충격이었습니다. 국제무역이 특히 심하게 타격을 받았지만 인위적인 연명이 효과를 나타냈고 금융시장은 안정되었습니다. 경제도 점차 되살아났습니다. 1년이 지나자 모든 사건이 악몽처럼 느껴지고, 사람들은 이제 잊

어버리고 싶어 합니다.

사람들은 이 위기도 다른 위기처럼 처리하고 평소처럼 사업으로 돌아가고 싶어 합니다. 그러나 현실은 그다지 호의적이지 않습니다. 시스템이 실제로 망가졌으므로 고쳐야 합니다.

◎ ◎ ◎ ◎

내 분석은 어떤 종류의 규제 개혁이 필요한지 훌륭한 단서를 제공합니다. 먼저 가장 중요한 점은, 시장에는 거품이 끼기 쉬우므로 금융 당국은 거품이 너무 커지지 않게 하는 책임을 떠맡아야 한다는 것입니다. 앨런 그린스펀 등은 이런 책임을 명확하게 거부했습니다. 그린스펀은 시장이 거품을 인식할 수 없다면 금융 당국 역시 거품을 인식할 수 없다고 주장했습니다. 맞는 말입니다. 그러나 금융 당국은 금융위기에 대처하는 과정에서 필연적으로 실수가 발생하더라도 책임을 떠맡아야 합니다.

당국은 시장으로부터 피드백을 받을 수 있으므로 대응 정책이 지나친지 부족한지 알 수 있습니다. 이를 통해서 실수를 수정하면 됩니다.

둘째, 자산 거품을 통제하려면 통화 공급을 통제하는 것으로는 부족합니다. 신용시장도 통제해야 합니다. 통화 수단만으로는 부족하므로 대출도 통제해야 합니다. 잘 알려진 수단은 증거금률margin requirements[*]과 최저자기자본규제minimum capital requirements[**]입니다. 시장에는 감정이 없다고 간주하므로, 현재는 시장 분위기에 상관없이 고정되어 있습니다. 그러나 시장에도 분명히 감정이 있습니다. 자산 거품을 통제하려면 금융 당국이 증거금률과 최저자기자본비율을 시장 상황에 따라 변경해야

---

[*] 증권거래소는 매매 거래가 확실하게 이행되도록 거래 당사자에게서 보증금을 징수하는데, 이 금액과 거래 금액의 비율을 증거금률이라 한다.

[**] 세계 금융위기 재발을 방지하려고 국제결제은행이 각국 은행에 부과하는 규제로서, 현재는 자기자본비율을 8% 이상으로 유지해야 한다.

합니다.

금융 당국은 새로운 수단을 개발하거나 묵혀놓았던 수단을 다시 써야 할 수도 있습니다. 예컨대 과거에는 중앙은행들이 특정 부문에 대해 상업은행들의 대출을 제한했습니다. 그 부문이 과열된다고 보았던 것입니다. 시장근본주의자들은 이런 제한이 어리석은 방해라고 생각하지만, 그렇지 않습니다. 중앙은행들이 이렇게 제한하던 시절에는 이렇다 할 금융위기가 없었습니다. 오늘날에도 중국 금융 당국은 이런 제한을 하고 있는데, 은행 시스템을 훨씬 잘 통제하고 있습니다. 중국 상업은행들이 중앙은행인 중국인민은행에 유지해야 하는 예금 규모가 호황 기간에는 17배나 증가했습니다. 그리고 당국이 정책을 뒤집을 때에도 은행들은 민첩하게 따랐습니다.

이번에는 인터넷 거품에 대해서 생각해봅시다. 그린스펀은 1996년 이상 과열에 대해 언급할 때 인터넷 거품을 일찌감치 알고 있었습니다. 그러나 그렇게 유명한 연설을 했는데도 그는 거품을 막으려 하지 않았습니다. 통화 공급 축소는 너무 무딘 수단이라고 생각했던 것입니다. 그의 생각이 옳았습니다. 그러나 주식 차입매수가 인터넷 거품에 기름을 붓고 있었으므로, 그는 증권거래위원회에 신주 발행을 동결하라고 요청할 수도 있었습니다. 그는 시장근본주의 신념을 허물고 싶지 않았으므로 요청하지 않았습니다.

셋째, 시장은 불안정한 법이므로 시장 참여자 개인에게 영향을 미치는 위험뿐 아니라 체계적 위험도 있습니다. 시장 참여자들은 자신이 언제든지 포지션을 처분할 수 있다는 생각으로 이런 체계적 위험을 무시할 수도 있지만, 금융 당국은 체계적 위험을 무시해서는 안 됩니다. 시장 참여자들의 포지션이 한쪽으로 너무 많이 몰리면 포지션 청산이 막혀버리거나 시장이 붕괴할 수 있기 때문입니다. 따라서 당국은 시장 참여자들의 포지션을 감시해서 불균형을 사전에 감지해야 합니다. 이는 헤지펀드와 국부펀드를 포함해서 주요 참여자들의 포지션을 모두 감시해야 한다는 뜻입니다.

특히 신용부도스와프CDS와 녹아웃옵션 같은 파생상품들은 불균형이 잘 드러나지 않습니다. 따라서 이들을 규제해야 하고, 필요하면 제한하거나 금지해야 합니다. 합성증권synthetic securities* 발행에 대해서도 일반 증권과 마찬가지로 승인을 받도록 해야 합니다.

넷째, 우리는 금융시장이 한쪽으로만 발전하고 있음을 인식해야 합니다. 시스템 붕괴를 막아야 하는 금융당국은 모든 금융기관에 '대마불사大馬不死'를 암묵적으로 보장해주었습니다. 이제 대마불사형 거대 기관이 존재하는 한 당국은 보장을 철회할 수가 없습니다. 따라서 당국은 보장 조처를 발동하는 일이 없도록 규제해야 합니다. 대마불사형 은행들의 차입자본 이용 한도를 줄이고, 예금을 이용한 투자에 대해서는 방법을 제한해야 합

---

*   투자자들을 유인하기 위해 상품을 설계할 때 두 가지 이상의 금융상품을 결합한 신종 증권

니다. 예금으로는 고유계정거래finance proprietary trading*를 하지 못하게 해야 합니다. 그러나 당국은 여기서 한 걸음 더 나아가야 합니다. 위험과 보상이 조화를 이루도록 고유계정 트레이더에 대한 보상도 규제해야 합니다. 이렇게 규제하면 고유계정 트레이더들이 은행을 떠나 자신에게 더 어울리는 헤지펀드로 갈지도 모릅니다.

안정성을 유지하려고 유조선을 칸으로 막은 것처럼, 다양한 시장 사이에도 방화벽을 세워야 합니다. 1933년 글래스-스티걸법처럼 투자은행업과 상업은행업을 분리하는 것은 비현실적일 것입니다. 그러나 다양한 시장의 고유계정거래는 은행 내부적으로 분리해야 합니다. 어떤 시장에서 거의 독점적 지위를 차지한 은행이 있다면 분할해야 합니다.

---

* 수수료 수입 대신 자본 이득을 목적으로 고객 자금이 아니라 은행 자금을 투자하는 행위

끝으로, 바젤 협약Basel Accords[**]은 은행이 보유한 증권의 위험 가중치를 대출보다 크게 낮추었는데, 이는 잘못입니다. 이들은 증권 포지션이 집중되었을 때의 체계적 위험을 무시했습니다. 이 때문에 위기가 더욱 심각해졌습니다. 은행이 보유한 증권의 위험 가중치를 높여서 잘못을 바로잡아야 합니다. 그러면 은행들은 이제 대출을 증권화하지 않을 것입니다.

◎ ◎ ◎ ◎

이처럼 조처하면 은행의 수익성과 지렛대 효과가 모두 감소할 것입니다. 문제는 언제 이것을 실행하느냐에 있습니다. 지금은 영구적인 개혁을 실행하기에 좋은 시점이 아닙니다. 지금은 금융 시스템과 경제가 균형에

[**] 은행의 리스크 관리 선진화와 자본 충실화를 유도하기 위한 종합적인 자본 규제 제도

서 동떨어진 상황이므로, 단순히 바로잡는 조처를 한다고 균형에 가까운 상황으로 회복되는 것은 아닙니다. 마치 차가 미끄러질 때에는 먼저 미끄러지는 방향으로 운전대를 돌린 다음 방향을 수정해야 하는 것과 같은 이치입니다. 단기적으로 해야 할 일은 장기적으로 해야 하는 일과 거의 정반대입니다.

첫째, 신용 공백 상태를 남아 있는 유일한 신용 원천인 국가 자금으로 메워야 합니다. 국가 채무를 늘려서 본원통화를 확대해야 한다는 뜻입니다. 경제가 안정되면 신용이 회복되는 속도에 맞춰서 본원통화를 축소해야 합니다. 그렇게 하지 않으면 인플레이션이라는 유령이 덮치게 됩니다.

지금은 정교하게 조처하는 첫 단계에 머물러 있습니다. 은행들이 근근이 위기에서 벗어나는 중입니다. 당장 은행의 수익성을 떨어뜨리면 부작용만 일으킬 뿐입니다. 규제 개혁을 하려면 통화 공급을 통제하는 두 번째 단계까지 기다려야 합니다. 그리고 회복세가 중단되지 않도록 단계적으로 조심스럽게 도입해야 합니다. 그러나 규제 개혁을 망각해서는 절대 안 됩니다.

◦ ◦ ◦ ◦

지금까지 내가 금융시장을 어떻게 해석했는지 설명했습니다. 이른바 재귀 이론으로서, 효율적 시장 가설과는 매우 다릅니다. 엄밀하게 말하면 두 이론 모두 포퍼의 기준에 따라 기각할 수가 없습니다. 나는 1998년에 거품이 터진다고 예측했습니다. 이 예측은 틀렸습니다. 이번에는 맞을까요? 온갖 증거에도 아랑곳없이 일부 옹호자는 아직도 효율적 시장 가설을 지지하고 있습니다.

새로운 패러다임이 필요하다고 생각하는 사람이 많습니다. 나는 내 이론이 다른 이론보다 설명력이 높다고 주장합니다. 행동경제학을 인정하는 사람들이 증가하고 있지만 행동경제학은 재귀성의 절반에 불과한 현실에 대한 착각만 다룹니다. 잘못된 가격 산정이 펀더멘털을 바꾸는 과정은 연구하지 않습니다.

금융시장에 관한 내 이론은 아직 초보 단계이므로 앞으로 많이 발전해야 한다고 절감합니다. 물론 나 혼자 힘으로는 이론을 제대로 발전시킬 수 없습니다. 따라서 지금 내 이론을 새로운 패러다임으로 내세운다면 시기상조일 것입니다. 효율적 시장 가설은 확실하게 반증되었으므로 금융시장에 대한 새로운 설명이 급히 필요합니다. 그리고 세계 금융시장 전체 구조는 시장을 홀로 내버려 두어야 한다는 잘못된 가정 위에 세운 것이므로 기초부터 다시 지어야 합니다.

◎ ◎ ◎ ◎

이제 오늘 강연을 끝낼 시간이지만 발표할 것이 한 가지 있습니다.

나는 '새로운 경제사상 연구소Institute for New Economic Thinking, INET'를 후원하기로 했습니다. 이 기관은 연구,

워크숍, 교과과정을 육성해 대체 패러다임을 개발할 것입니다. 나는 10년에 걸쳐 5천만 달러를 후원하기로 약속했습니다. 다른 분들도 참여해서 연간 예산이 1천만 달러 이상이 되도록 후원해주시길 희망합니다.

이 연구소에서 재귀성 개념도 연구하기를 바라지만, 이것만 연구해서는 절대 안 됩니다. 내가 재정을 후원하면서 동시에 연구소를 이끈다면 서로 부딪치는 일이 발생할 수 있습니다. 이를 방지하고자 나와 연구소 사이에 차단장벽Chinese wall을 세우려고 합니다. 이런 취지로 나는 중부유럽대학을 통해서 재정을 지원할 것이며, INET 경영에도 참여하지 않을 생각입니다. 연구비 수급자를 선발하는 심사위원회에 재귀 이론 이외의 이론도 장려하라고 분명하게 알릴 것입니다. 새로운 경제사상이 이곳 중부유럽대학에서도 탄생하기를 희망합니다.

THE SORO

세 번째 강연

Open

열린 사회

다른 사람들이 종교에 헌신하듯이, 나는 현실의 객관적 측면에 헌신합니다. 완벽한 지식이 없는 상황에서는 믿음이 필요합니다. 다른 사람들은 신을 믿지만, 나는 가혹한 현실을 믿게 되었습니다.

그렇더라도 사회가 현실의 객관적 측면을 무시하면 위험에 빠지게 됩니다. 자신을 속이거나 유권자를 기만해서 불쾌한 현실을 피하려 한다면, 우리는 현실로부터 벌을 받아 기대를 채우지 못하게 됩니다.

'풍부한 오류'의
시대를 넘어

오늘은 내 개념의 틀의 세 번째 기둥으로 이른바 '열린 사회'를 소개하겠습니다. 전날 강의에서는 내가 평생 연구하고 경험해서 내린 결론들을 요약했습니다. 열린 사회에 대한 내 관점은 그동안 바뀌어왔고 지금도 여전히 발전하고 있으므로, 오늘 강연에서는 내가 새로운 지평을 여는 셈입니다. 따라서 다음 두 강연은 훨씬 더 탐구적인 성격이 될 것입니다.

열린 사회와 재귀성 사이의 관계는 전혀 명확하지 않습니다. 그러나 나는 둘이 밀접하게 연결되어 있다고 생각합니다. 기억하시겠지만, 나는 경제 이론을 공부하면서 동시에 칼 포퍼의 《열린 사회와 그 적들》도 읽었습니다. 포퍼는 인간이 오류를 타고났다고 강조했으므로, 나는 경제 이론의 기본 가정을 의심하게 되었고 재귀성 개념을 개발하게 되었습니다.

그러나 개념 차원에서 보면 열린 사회와 재귀성은 간접적으로만 연결될 뿐입니다. 둘을 연결하는 것은 첫 번째 기둥인 오류성입니다.

이런 맥락에서 오류성이란, 세계를 보는 우리의 관점이 항상 불완전하고 왜곡되어 있을 뿐 아니라 지극히 복잡한 현실을 단순화하는 과정에서 우리가 자주 착각을 일으킨다는 뜻입니다. 그리고 우리의 착각은 역사의 흐름을 좌지우지합니다.

내 사상에 정말로 독창성이 있다면, 이런 착각을 강조했다는 점입니다. 그래서 비판적 사고와 열린 사회를 강하게 지지합니다.

◎ ◎ ◎ ◎

포퍼는 열린 사회를 엄밀하게 정의하지 않았습니다. 우리의 이해력이 불완전하므로 엄밀하게 정의해도 소용이 없다고 본 것입니다. 그는 반대 방향으로 접근하는 방법을 선택했는데, 먼저 여러 사회를 설명한 다음 이들을 분류했습니다. 그가 '열린 사회'라고 부른 사회조직은 형태가 민주주의와 매우 비슷합니다.

이 방법을 쓴 까닭에 그는 인식론적 주장으로 민주주의를 정당화했습니다. 인간의 지능으로는 완벽한 지식에 도달할 수 없으므로, 언론과 사상과 선거의 자유가 있는 사회가 억지로 이데올로기를 강요하는 사회보다 낫다고 보았습니다.

나는 나치의 박해와 공산주의 압제 속에서 살아보았으므로 이 주장이 매우 설득력 있다고 생각합니다.

포퍼의 철학 덕분에 나는 금융시장에서 착각이 하는 역할에 더 주목했고, 그래서 재귀성 개념을 통해서 거품 이론을 개발할 수 있었습니다. 그 덕에 나는 금융시장에서 곤경을 벗어났습니다.

헤지펀드 매니저로 성공한 후, 나는 중년의 위기를 경험했습니다. 쉰 살이 되어갈 때였습니다. 내 헤지펀드는 1억 달러로 증가했고, 이 가운데 약 4천만 달러가 내 돈이었습니다. 나는 가족이 쓸 돈은 충분히 모았다고 생각했습니다. 헤지펀드 운용은 지극히 소모적이며 스트레스가 많은 일이었기에 계속하는 것이 과연 가치가 있을지 의문이었습니다.

결국 오랜 시간 숙고한 끝에 재단을 설립해서 열린 사회를 촉진하는 일에 몰두하기로 했습니다. 재단의 임무를, 닫힌 사회를 열고 열린 사회의 결함을 바로잡으며 비판적 사고를 촉진하는 일로 정했습니다.

시간이 흐르면서 자선 사업에도 더 많이 참여하게 되었습니다. 1984년 나는 아직 공산주의 체제이던 헝가리에 재단을 설립했고, 1986년에는 중국에 설립했으며, 1987년에는 폴란드와 소련에 설립했습니다. 그리고 소련과 유고가 붕괴하자, 과거 공산세계를 거의 모두 망라하는 재단 네트워크를 구축했습니다.

이렇게 해서 나는 열린 사회를 세우는 실제적인 경험을 얻었습니다. 많이 배웠습니다. 그리고 가장 먼저 알았어야 하는 일들을 깨달았습니다. 예를 들면 닫힌 사회가 붕괴한다고 반드시 열린 사회로 탄생하는 것은 아닙니다. 계속 붕괴하다가 열린 사회보다는 과거 닫힌 사회에 더 가까운 새 체제가 등장할 수도 있습니다.

◎ ◎ ◎ ◎

내가 열린 사회 개념을 철저하게 재고하게 된 계기는 2004년 미국 대통령 선거에서 조지 부시George W. Bush가 재선된 사건이었습니다. 세계에서 민주주의를 가장 오래, 가장 성공적으로 유지해온 미국에서, 부시는 테러와 전쟁한다는 명분을 내세우면서 수호해야 할 원칙을 어기고 이라크를 침공해 인권을 침해했습니다. 그런데도 그는 재선되었습니다. 어떻게 이럴 수가 있습니까? 미국에 무엇이 잘못되었는지 나 자신에게 물을 수밖에 없었습니다. 이 질문에 답하려고 책도 몇 권 썼습니다. 나는 국민을 오도한 부시 행정부를 비난했고, 부시 행정부가 오도하도록 내버려 둔 국민도 비난했습니다.

더 깊이 조사하면서 나는 내 개념의 틀을 의심하기 시작했습니다. 열린 사회의 개념 속에서 결함을 발견했습니다. 포퍼는 주로 현실을 이해하는 문제에 관심이 있었습니다. 그는 정치적 주장보다는 인식론적 주장으로 열린 사회를 옹호했습니다. 그는 "민주주의에서만 제도적 틀을 통해서 폭력 없이 개혁을 이룰 수 있으므로, 정치에 이성을 사용하는 것이 중요하다"라고 주장했습니다.

그러나 그의 방법에는 가정이 숨어 있었습니다. 말하자면 사고의 주요 목적이 현실을 더 잘 이해하는 것이라고 보았습니다. 그러나 꼭 그런 것은 아닙니다. 조작 기능이 인지 기능보다 우선할 수도 있습니다. 실제로 민주주의에서 정치인들에게 가장 중요한 목표는 선거에 당선되고 권력을 유지하는 것입니다.

이 명백한 통찰을 바탕으로 열린 사회의 개념에 대해 추가로 의문을 품게 되었습니다. 포퍼는 어떻게 해서 자유로운 정치 토론의 목적이 당연히 현실을 이해하는 것이라고 받아들이게 되었을까요? 더욱 흥미로운 점은 재귀성 개념에서 조작 기능을 가장 중시했던 내가 어떻게 포퍼를 그토록 맹신했던 것일까요?

◇ ◇ ◇ ◇

두 질문을 하면서 나는 같은 결론에 이르게 되었습니다. 우리의 세계관이 조작 기능을 무시하거나 인지 기능에 종속시키는 지적 전통 위에 세워졌다는 것입니다.

이런 세계관이 깊이 배어든 과정은 쉽게 이해할 수 있습니다. 인지 기능의 목적은 지식을 생산하는 것입니다. 지식은 사실과 들어맞는 진술로 표현됩니다. 진술과 사실이 들어맞으려면 둘은 분리되어 별개로 존재해야 합니다. 따라서 지식을 추구하려면 생각과 주제를 구분해야 합니다. 이런 요건 때문에 주로 생각에 몰두했던 철학자들은 이성과 현실이 별개라고 믿게 되었습니다. 이런 이원론의 뿌리는 그리스 철학인데, 계몽주의 시대에 우리 세계관을 지배하게 되었습니다.

계몽주의 시대 철학자들은 이성을 믿었습니다. 이성은(발견해주기를 가만히 기다리는) 현실을 비추는 탐조등의 역할을 한다고 생각했습니다. 이성이 현실을 좌우하는 적극적인 역할은 고려 대상에서 제외되었습니다. 다시 말해서 계몽주의는 재귀성을 인식하지 못했습니다. 그 결과로 현실을 보는 관점이 왜곡되었습니다. 그러나 그 시대에는 적합한 세계관이었습니다.

계몽주의 시대 사람들은 자연에 대한 지식이나 통제력이 상대적으로 부족했으며, 과학적 방법론은 무한한 기대를 주었습니다. 현실이 발견되기를 수동적으로 기다리고 있으며, 이성이 이를 적극적으로 찾아낸다고 생각하는 것이 당시에는 적절했습니다. 지구 탐사조차 충분히 이루어지지 않은 시대였으니까요. 그래서 사실을 수집해서 이들 사이에 관계를 수립하기만 해도 풍족한 보상을 얻었습니다. 지식을 매우 다양한 방향에서 다양한 방식으로 습득했으므로 가능성이 무한해 보였습니다. 이성이 여러 세기 동안 쌓인 전통적 관계와 종교 교리를 쓸어냈으므로 진보를 이룬다는 의기양양한 기분을 느꼈습니다.

인간사를 이해하기가 어렵다는 재귀성 개념은 깨닫지 못했습니다. 프랑스혁명 지도자들은 이성의 도움으로 사회를 기초부터 다시 세울 수 있다고 믿었지만, 이들은 이성에 대한 신념이 지나쳤습니다. 사회는 이성의 명령을 따르지 못했고, 1789년에 느꼈던 행복감은 1794년에 공포감으로 바뀌었습니다.

계몽주의는 사고와 현실을 둘로 나누는 이분법을 도입한 탓에 현실을 잘못 해석했습니다. 이분법이 원래부터 주제에 적절했던 것이 아니라 현실을 이해하려고 계몽주의 철학자들이 도입했던 것입니다. 계몽주의 철학자들이 저지른 실수에 이름이 붙어서 포스트모더니스트는 '계몽주의 오류'라고 불렀습니다. 나는 여기서는 이용어를 받아들이겠지만 진실의 핵심을 담는 유용한 표현이 '풍부한 오류'임을 분명히 밝혀두고자 합니다.

'풍부한 오류'가 의미하는 바를 더 명확하게 설명하겠습니다. 우리는 지식을 습득할 수는 있지만 결코 모든 결정을 내릴 만큼 충분히 습득할 수는 없습니다. 따라서 어떤 지식이 유용하다고 밝혀지면, 우리는 적합하지 않은 분야에까지 이용하려 하기 때문에 이 지식이 오류로 바뀝니다.

바로 이런 현상이 계몽주의에 일어났습니다. 이성과 현실을 나누는 이분법은 자연현상을 연구하는 데는 매우 효과적이었지만, 인간사를 연구할 때는 사람들을 오도했습니다. '풍부한 오류'를 역사의 다른 부문에 적용한다면, 금융시장의 거품이 여기에 해당합니다.

계몽주의 오류는 우리의 세계관에 깊이 뿌리를 내렸습니다. 그래서 포퍼는 자연과학과 사회과학에 똑같은 기준이 적용된다고 선언했고, 그래서 뉴턴 물리학을 바탕으로 경제 이론의 모델을 구성했습니다. 포퍼의 우아한 과학적 방법론 모델과 경제 이론 둘 다 재귀성을 인식하지 못했습니다.

설상가상으로, 금융시장에서 재귀성을 발견한 나조차 포퍼의 열린 사회 개념에 숨어 있는 가정을 인식하지 못했습니다. 우리는 진실을 추구하는 것이지, 사람들이 우리 의도대로 믿도록 조작하는 것이 아니라고 생각했습니다.

계몽주의 오류는 효율적 시장 가설과 그 정치적 파생물인 시장근본주의에도 깔려 있습니다. 두 지성 구조의 오류는 금융 시스템이 무너지면서 화려하게 드러났습니다. 열린 사회 개념은 그다지 널리 수용되지 않았던 터라, 내가 발견한 열린 사회의 결함은 주목받지 못했습니다. 그러나 나는 개인적으로 매우 중요한 발견이었다고 생각합니다. 내가 열린 사회의 개념을 다시 생각하게 해 주었으니까요.

◎ ◎ ◎ ◎

그렇다고 열린 사회의 장점에 대한 믿음까지 버린 것은 아니지만, 열린 사회를 지탱하려면 더 강력한 주장이 필요하다고 실감했습니다. 포퍼는 열린 사회에서 인지 기능이 조작 기능보다 우선하는 것이 당연하다고 받아들였습니다. 나는 이 생각을 열린 사회가 번창하기 위한 명시적 요건으로 제기해야 한다고 믿습니다. 내가 어떻게 해서 이런 결론에 도달했는지 설명하겠습니다.

민주주의에서 정치 담론의 목적은 현실을 발견하는 것(인지 기능)이 아니라 선거에 당선되고 권력을 유지하는 것(조작 기능)입니다. 따라서 자유로운 정치 담론을 거쳐 나오는 정책이 반대를 억압하는 권위적 정권보다 반드시 더 지혜로운 것은 아닙니다.

설상가상으로, 현실을 조작하는 정치 전쟁에서는 진실을 따르려고 하면 불리해집니다. 부시 행정부는 사실을 존중하지 않는 강력한 우익 선전 조직들을 마음대로 활용했습니다. 그 덕에 여전히 계몽주의 오류에 영향을 받으며 사실에 제약을 느끼는 구식 정치인에 대해 결정적인 경쟁 우위를 확보했습니다.

미국에서 가장 성공적인 우익 선전가 프랭크 룬츠 Frank Luntz는 선전 문구를 만들 때 교과서로 조지 오웰의 《1984》를 사용한다고 공개적으로 시인했습니다. 열린 사회를 믿는 나는 이 사실에 충격을 받았습니다. 조지 오웰의 《1984》에 나오는 진실부 장관이 권력을 휘두르는 전체주의 국가라면 스탈린 기법으로 질서를 유지할 수 있겠지만, 열린 사회에서 어떻게 전체주의 국가처럼 신新언어가 먹힐 수 있습니까?

이런 질문을 통해서 나는 단서를 얻게 되었습니다. 미국에 무엇이 잘못되었을까요? 사람들은 진실을 추구하는 일에는 큰 관심이 없습니다. 사람들은 기만당하는 것을 꺼리지 않을 정도로 정교한 조작 기법에 적응되어 있습니다. 실제로 조작을 자청하는 듯합니다.

사람들은 미리 포장된 메시지 형태로 정보를 받는 일에 익숙해졌습니다. 따라서 유료 정치 광고가 영향력을 발휘합니다. 사람들은 정보보다 오락에 더 관심이 많습니다. 그래서 빌 오라일리Bill O'Reilly와 러시 림보Rush Limbaugh 같은 대중 영합주의 해설자들이 영향력을 행사합니다.

◎ ◎ ◎ ◎

시간이 흐르면서 조작 기법이 점진적으로 발전했습니다. 19세기 말경 기업들이 브랜드와 광고로 제품을 차별화하면 이익률을 높일 수 있음을 발견하면서 조작 기법도 발전하게 되었습니다. 이를 계기로 소비자들의 동기를 연구했고, 메시지를 검증했으며, 표적집단 심층면접focus group interview을 활용했고, 재귀 과정을 동원해서 대중의 행동을 바꿨습니다. 이로부터 소비사회가 발전하게 되었고 이어 정치와 문화로 퍼져나갔습니다.

이런 추세는 경제학과 정치학에 담긴 숨은 가정들을 잠식했습니다. 경제 이론은 수요와 공급이 주어진다고 보았고, 완전 경쟁 아래 자유 시장에서 자원이 최적으로 배분된다고 제시했습니다. 그러나 수요곡선의 형태는 독립적으로 주어지는 것이 아닙니다. 광고를 이용해 조작할 수 있습니다. 대의민주주의 이론에서는 후보가 선거 공약을 제시하면 유권자가 마음에 드는 후보를 선택한다고 가정했습니다. 후보가 여론을 조사해서 유권자들이 듣고 싶어 하는 말을 하리라고는 예상하지 못했습니다. 두 이론 모두 현실이 조작될 수 있다는 점을 고려하지 못했습니다.

현실 조작은 예술에서도 중요한 주제가 되었습니다. 문학비평은 마침내 포스트모던 세계관을 만들어냈고, 이는 계몽주의를 뒤집어 놓았습니다. 포스트모던 세계관은 이성으로 발견되는 객관적 현실이 존재하지 않는다고 보았습니다. 그 대신 현실이 주로 모순적 담화를 모은 것이라고 보았습니다.

나는 객관적 현실을 깊이 존중했으므로, 이와 모순 되는 포스트모던 세계관을 바로 무시했습니다. 포스트 모던 세계관과 부시 행정부 선전 조직의 관계를 깨닫지 못했던 나는 2004년 10월 17일 〈뉴욕타임스 매거진New York Times Magazine〉에 실린 론 서스킨드Ron Suskind의 기사 를 읽고 눈을 뜨게 되었습니다. 그는 선전 조직원이 한 말을 인용했습니다. "우리는 사실을 연구하지 않는다. 사실을 만들어낸다."

나는 생각을 바꿀 수밖에 없었습니다. 그래서 포스 트모던 관점을 더 진지하게 받아들였고, 이것이 '풍부한 오류'라고 인식했으며, 영향력이 계몽주의와 맞먹고, 현 재는 아마도 계몽주의보다 영향력이 강하다고 생각했습 니다. 그러나 지금도 포스트모던 오류가 계몽주의 오류 에 비하면 '풍부한 오류'라기보다는 오류에 가깝다고 생 각합니다. 포스트모던 관점은 조작 기능을 우선해도 조작될 수 없는 객관적 실체의 핵심을 무시합니다. 이것은 내가 보기에 조작 기능을 무시한 계몽주의 오류보다 더 심각한 결함입니다.

◦ ◦ ◦ ◦

계몽주의에 따르면 이성과 현실은 분리되어 있으며 서로 독립적입니다. 사람들이 현실을 이용하는 유일한 방법은 사건의 흐름을 결정하는 법칙을 이해하는 것입니다. 이런 상황이라면 법칙을 발견하는 일이 당연히 최우선입니다. 그래서 자연과학이 발전하게 되었는데, 이것이 인간 지성이 이룬 가장 위대한 업적입니다. 인간사를 연구하기 전까지는 오류가 끼어들지 않았습니다.

반면에 포스트모던 세계관은 사람들을 철저하게 오도합니다. 이로부터 도덕관념이 없는 현실적인 정치 방법이 나왔습니다. 요약하면 이렇습니다. 이제 현실이 조작될 수 있음을 알았는데 인지 기능을 왜 우선해야 하는

가? 왜 직접 조작하지 않는가? 왜 진실보다 권력을 추구하지 않는가?

이 주장에 대해 대답하겠습니다. 현실을 조작할 수는 있지만, 그 결과는 조작자의 의도에서 벗어날 수밖에 없습니다. 그 차이를 최소한으로 유지해야 하지만 그러려면 현실을 더 잘 이해해야 합니다. 바로 이런 추론을 통해서 나는 진실 추구야말로 열린 사회로 가는 확고한 요건이라고 제시하게 되었습니다.

○ ○ ○ ○

구체적인 예로 추상적인 주장을 뒷받침할 수 있습니다. 부시 행정부를 봅시다. 부시 행정부는 현실을 매우 성공적으로 조작했습니다. 테러에 대해 전쟁을 선포함으로써 대통령은 국민의 지지를 이끌어냈고 이라크 침공의 길을 열었습니다. 침공의 목적은 세계에서 미국의 패권을 확립하는 것이었지만 결과는 정반대로 나왔습니다. 미국은 힘과 영향력을 크게 상실했고, 조지 부시는 미국 역대 최악의 대통령으로 평가받았습니다.

이 사례가 이해가 될 것입니다. 그러나 이제는 재귀성 개념을 인식하는 사람들이 늘고 있으므로, 이를 오해해 포스트모던 오류에 빠질 위험이 있습니다. 재귀적 현실은 이해하기가 너무 어렵고, 사람들은 단순한 답에 쉽게 오도됩니다. 예측이 맞는다고 그 이론이 반드시 입증되는 것은 아닌데, 이 사실을 이해하는 데는 평생이 걸립니다. 그러나 유료 정치 광고는 30초에 불과합니다.

포스트모던 세계관은 매력적이지만, 객관적 현실의 존재를 무시하는 것은 매우 위험합니다. 객관적 현실을 절실하게 느끼는 방법 한 가지는 죽음을 인생의 사실로서 주목하는 일입니다. 자신의 존재가 끝난다는 생각은 받아들이기가 어렵습니다. 그래서 사후 세계를 둘러싸고 온갖 담화와 미신이 생겨났습니다. 나는 아즈텍의 종교의식을 보고 충격을 받은 적이 있습니다. 공으로 시합을 벌여 이긴 팀이 신에게 제물로 바쳐졌습니다. 이것은 미신의 힘을 보여주는 극단적인 사례입니다. 아무튼 분명한 사실은 이긴 팀이 죽었다는 점입니다.

◎ ◎ ◎ ◎

그렇더라도 사후 세계를 믿는 사람에게 사후 세계가 없다고 입증할 수는 없습니다. 내가 현실의 객관적 측면이 중요하다고 주장하는 것은 개인적 신념의 문제입니다. 이는 종교적 신념과 신기하게도 닮았습니다. 내가 파악한 현실의 객관적 측면에는 일신교에서 생각하는 신의 속성이 많이 담겨 있습니다. 동시에 어디에나 존재하고 전능하지만 작용하는 방식은 여전히 신비롭기 때문입니다.

나는 현실의 객관적 측면을 크게 존중하며, 이렇게 존중하는 것이 정상이라고 늘 생각했습니다. 그러나 이런 내 태도가 무척 별나다는 사실을 뒤늦게 깨달았는데, 이런 태도는 내 이력과 관계가 있습니다.

1944년 독일이 헝가리를 점령했을 때입니다. 아버지가 현명하게 인도한 덕분에, 우리는 위험에 둘러싸인 상황에서도 생존했을 뿐 아니라 다른 사람들을 돕기까지 했습니다. 1944년은 내게 긍정적 경험이 되었고, 가혹한 현실에 맞서려는 욕구를 느끼게 했습니다.

　　나는 금융시장에 참여하면서 이런 태도가 더 강해졌습니다. 위험을 감수했고, 상황이 극단까지 가는 경우가 많았지만 위기 직전에 빠져나왔습니다. 악화할 수 있는 일을 모두 살펴보았으므로, 예상하지 못한 결과 때문에 당황하는 경우는 없었습니다. 나는 최악을 가정해도 위험－보상 비율이 여전히 매력적인 투자를 선택했습니다. 그래서 모든 상황에서 어두운 면을 강조하게 되었습니다.

　　그다음에는 재단을 적극적으로 운영했습니다. 이곳에서 불의에 대항해 긍정적인 일을 할 수 있었고, 나는 가혹한 현실을 더 적극적으로 인식하고 맞서게 되었습니다. 부정적 평가만 하던 내 생활은 긍정적 참여로 바뀌었습니다.

재단에서는 마약 정책처럼 해결할 수 없어 보이는 문제와 미얀마, 아이티, 라이베리아, 시에라리온, 콩고처럼 희망이 없어 보이는 나라에 자원을 많이 투입했습니다. 당연한 이야기지만, 대부분 재단은 승산 없는 전쟁을 벌이려 하지 않습니다.

다른 사람들이 종교에 헌신하듯이, 나는 현실의 객관적 측면에 헌신합니다. 완벽한 지식이 없는 상황에서는 믿음이 필요합니다. 다른 사람들은 신을 믿지만, 나는 가혹한 현실을 믿게 되었습니다.

그렇더라도 사회가 현실의 객관적 측면을 무시하면 위험에 빠지게 됩니다. 자신을 속이거나 유권자를 기만해서 불쾌한 현실을 피하려 한다면, 우리는 현실로부터 벌을 받아 기대를 채우지 못하게 됩니다.

물론 현실은 조작될 수 있습니다. 그러나 우리 행동의 결과를 좌우하는 것은 우리의 욕망이 아니라 제대로 이해할 수 없는 외부 현실입니다. 우리가 외부 현실을 더 잘 이해할수록 그 결과는 우리의 기대에 더 가까워질 것입니다. 현실을 이해하는 것은 인지 기능입니다.

바로 이런 이유에서 인지 기능이 우선해야 하고 조작 기능을 인도해야 합니다. 우리가 제대로 이해하지도 못하면서 객관적 현실을 무시하면 포스트모던 오류에 빠지게 됩니다.

◎ ◎ ◎ ◎

앞에서 나는 인류가 사고와 현실 사이의 관계에 대해 두 가지 오류, 즉 계몽주의 오류와 포스트모던 오류를 받아들였다고 설명했습니다. 두 오류는 서로 연관되어 있습니다. 계몽주의는 인간사에 널리 퍼진 조작을 인식하지 못했고, 사람들은 조작 기능을 발견하게 되자 포스트모던 오류에 빠졌습니다. 둘 다 복잡한 관계의 절반만 인식하고 있습니다.

오류성과 재귀성 원리에 바탕을 둔 내 개념의 틀은

둘이 간과한 절반들을 결합합니다. 두 오류는 영향을 미치고 있지만, 내 개념의 틀은 거의 인정받지 못하고 있습니다. 이것을 보면 현실을 오해하기가 얼마나 쉬운지 알 수 있습니다. 현실은 적절하게 이해하기보다 오해하기가 훨씬 쉽습니다.

포스트모던 오류는 현재 세력을 넓혀가고 있습니다. 이 오류는 부시 행정부의 정책을 주도했는데, 오바마 행정부에서도 모습을 드러내서 불안합니다. 예컨대 오바마 행정부 정책에 영향을 크게 미친 조지 애컬로프George Akerlof와 로버트 실러Robert Shiller는 최근 저서에서 이른바 '신뢰 승수confidence multiplier'*가 지닌 장점을 격찬합니다. 다시 말해서 금융시장에 대해 실제보다 좋게 말하면 경제가 앓는 병이 치료된다고 저자들은 믿습니다. 이런 믿

---

* 승수 효과란 정부가 처음에 일정 금액을 지출하면 소비가 증가하여, 국민소득이 정부의 지출 금액보다 더 늘어난다는 개념이다. 신뢰 승수도 마찬가지 원리로서, 처음에 일정 규모의 자신감이 생성되면 나중에 더 큰 자신감을 얻게 된다는 뜻이다.

음은 절반만 옳습니다. 주식시장이 상승하자 은행들은 자본을 조달할 수 있었고 경제도 여러모로 강해졌습니다. 그러나 신뢰 승수는 나머지 절반인 재귀성을 무시합니다.

현실이 기대에 미치지 못하면 신뢰는 실망으로 바뀌고 호황은 불황으로 돌변합니다. 오바마 대통령이 신뢰 승수를 활용해서 침체 시장의 고삐를 잡았지만, 상황이 다시 악화하면 그가 비난받지 않을까 무척 걱정스럽습니다.

두 이론의 잘못된 현실 해석 부분에 재귀 이론을 대입해서 맥락을 파악해보면 내 이론이 더 명확해질 것입니다. 특히 명료하게 설명하지 못한 부분을 강조할 필요가 있습니다. 죽음을 피할 수 없는 것처럼, 조작할 수 없는 객관적 현실의 핵심이 있습니다.

최근 내가 거둔 성공에서 용기를 얻어, 나는 내 개념의 틀이 현실을 정확하게 해석한다고 감히 주장합니다. 대담한 주장이며, 첫눈에 자기모순으로 보입니다. 현실에 대한 정확한 해석과 인간의 이해가 본질적으로 불완전하다는 원리가 어떻게 조화될 수 있습니까?

이유는 간단합니다. 재귀성에 의해서 참여자의 생각과 사건의 흐름 둘 다에 불확실성이 개입되기 때문입니다. 미래가 본질적으로 불확실하다고 주장하는 개념의 틀을 완성도 때문에 비난할 수는 없습니다. 이 틀은 현실을 꿰뚫어 보는 소중한 통찰을 줄 수 있습니다. 심지어 일정 범위에서 미래를 예측할 수도 있습니다. 물론 최근 금융위기에서 보았듯이 범위 자체는 불확실하고 가변적입니다.

불확실성을 인식함으로써 내 틀은 자기모순이 없어졌고 현실과도 일치합니다. 그러나 아직 완벽하지 않으므로 개선의 여지가 있습니다.

◯ ◯ ◯ ◯

사실은 개선의 여지가 엄청나게 많습니다. 원래의 내

개념의 틀은 칼 포퍼의 영향을 받아 만든 것이므로 현실을 이해하는 문제만 다루었습니다. 그러나 유권자들이 진실을 수호하고 기만을 응징해야 한다는 조건을 내가 추가했을 때, 나는 가치의 영역으로 진입한 셈이었습니다. 가치의 영역에는 인식의 영역보다 불확실성이 더 많습니다. 따라서 더 많은 사고가 필요합니다.

지금까지 보았듯이, 진실은 입증하기도 어렵지만 지키기도 어렵습니다. 가장 편안한 길을 따라가다 보면 반대 방향으로 가게 되고, 그럴듯하게 들리기만 하면 불쾌한 현실을 회피하거나 기만에 대해서도 보상하게 됩니다. 열린 사회가 발전하려면 이런 성향에 맞서야 합니다.

이 처방은 특히 현재의 미국에 적합합니다. 미국은 금융위기의 여파로 유난히 불쾌한 현실을 맞고 있기 때문입니다. 미국은 지난 사반세기 동안 분수에 넘치는 생활을 해왔고, 외국에서 돈을 빌려 적자를 메웠습니다. 이제 주택 거품이 터져서 소비자들이 과소비를 지탱할 수 없으므로 저축을 다시 늘려야 합니다. 은행 시스템도 무너졌으므로 수익을 올려 곤경에서 벗어나야 합니다.

부시 행정부는 이라크를 침공할 때 유권자들을 속여서 의도적으로 오도했습니다. 오바마 행정부에 대해서는 의도적으로 기만했다고 비난할 수 없습니다. 그렇지만 오바마 행정부는 미국이 가혹한 현실에 맞설 의지가 없음을 인정하고 신뢰 승수를 활용했습니다.

안타깝게도 객관적 현실은 신뢰 승수가 잔뜩 높여놓은 희망을 채워주지 못할 것입니다. 또 대통령에 대한 정치적 공격이 사실에 근거해서만 이루어지는 것도 아닙니다. 이런 상황에서는 유권자들이 더 단호하게 진실을 추구해야 한다는 요건은 충족되기 어렵습니다. 이것이 내 재단에는 좋은 주제가 되겠지만, 미국 민주주의 현황은 열린 사회가 우월한 사회조직이라는 주장을 뒷받침하지 못합니다. 나는 더 강력한 논거를 찾아내야 합니다.

◎ ◎ ◎ ◎

열린 사회의 개념이 소개되기 훨씬 전에 견해를 확립한 미국 건국의 아버지들이 더 좋은 사례입니다. 건국의 아버지들은 개인의 자유가 지닌 가치를 옹호했습니다. 그런데 이들의 인식론적 주장에는 결함이 있습니다. 독립선언서에서는 "우리는 이러한 진실이 자명하다고 믿는다"라고 선언하지만 자명한 근거가 전혀 없습니다. 그러나 자명하든 그렇지 않든, 개인의 자유가 지닌 가치는 영원하며, 나는 전체주의 체제를 경험했으므로 개인의 자유에 열정적으로 헌신합니다. 그리고 나만 헌신하는 것이 아닙니다.

건국의 아버지들을 돌이켜보면 커다란 장점이 또 있습니다. 즉 권력 관계를 논의할 수 있습니다. 헌법은 권력을 분할해서 폭정을 막았습니다. 권력 분할은 사회 안에 현실에 대한 다양한 해석과 이해 상충이 존재하므로 정치 과정에서 조화를 이루어야 한다고 인정했다는 뜻입니다. 헌법은 견제와 균형을 유지하는 방법으로, 절대 권력이 스스로 절대 진리라고 주장하면서 들어설 여지를 없앴습니다. 헌법은 정부의 여러 부문이 서로 작용하고 통제하도록 메커니즘을 구성했습니다. 그러나 이것으로는 충분하지 않습니다.

열린 사회는 사람들이 권력에 대해 진실을 말할 수 있을 때에만 발전할 수 있습니다. 열린 사회에는 언론과 출판의 자유, 집회와 결사의 자유, 기타 권리와 자유를 보장하는 법의 지배가 필요합니다. 법이 지배하게 되면 시민은 사법부를 이용해서 권력 남용으로부터 자신을 방어할 수 있습니다. 건국의 아버지들은 바로 이런 방법으로 열린 사회를 만들어냈습니다.

◎ ◎ ◎ ◎

결론을 더 명확하게 설명하겠습니다. 열린 사회는 목적을 위한 수단으로서나 목적 자체로서나 더 바람직한 사회조직 형태입니다. 조작 기능보다 인지 기능을 우선하고 가혹한 현실과 맞설 각오가 되어 있다면, 열린 사회는 다른 어떤 사회조직보다도 사회의 문제를 잘 이해해 더 성공적으로 해결할 수 있습니다.

다시 말하면 민주주의가 지닌 도구적 가치는 진실을 추구하려는 유권자들의 결단에 좌우됩니다. 그런 면에서 미국 민주주의가 현재 이룬 성과는 과거에 세운 업적에 미치지 못합니다. 우리는 미국 시스템이 본질적으로 우월하다고 믿을 수 없으므로 우리 자신을 새롭게 고쳐야 합니다. 그러나 도구적 가치와는 별개로, 열린 사회에는 이른바 '개인의 자유'라는 본질적 가치가 있습니다. 이 본질적 가치는 열린 사회가 번영하든 못 하든 존재합니다. 예를 들면 본질적 가치는 소련에도 그대로 적용됩니다.

◌ ◌ ◌ ◌

물론 개인의 자유는 공익 및 타인의 자유와 조화되

어야 합니다. 또 개인의 자유라는 본질적 가치는 자명하지 않습니다. 예를 들어 중국에서는 개인의 자유를 일반적으로 인정하지 않으므로 집단의 이익이 개인의 이익보다 우선합니다. 2008년 올림픽 개막식이 이 메시지를 분명하게 전해주었습니다. 개막식은 개인으로 구성된 거대 집단이 지시받은 사항을 정확한 시간에 정확하게 실행하면서 놀라운 장관을 연출한다는 사실을 보여주었습니다.

미국과 중국 사이의 권력 관계가 바뀜에 따라 개인의 자유가 지닌 가치는 가까운 장래에 더 중요해질 것입니다. 이에 대해서는 마지막 강연에서 설명하겠습니다.

THE SOROS
LECTURES

THE SORO

네 번째 강연

Capitalism ve

자본주의냐,
열린 사회냐

시장근본주의는 본래 초도덕적인 시장 기능에 도덕성을 부여했고, 사리 추구를 진실 추구와 비슷한 시민의식으로 바꿔놓았습니다. 시장근본주의는 이성의 힘이 아니라 조작의 힘으로 널리 보급되었습니다.

풍부한 자금을 공급받는 강력한 선전 기계가 이익에 대한 대중의 생

각을 왜곡하면서 시장근본주의를 지지하고 있습니다.

누가 진실을 무시하고
여론을 조작하는가

The Soros Lectures

　　오늘은 자본주의와 열린 사회 사이의 갈등, 즉 시장 가치와 사회 가치 사이에서 발생하는 갈등을 살펴보고자 합니다. 내 사고에 매우 중대한 영향을 미쳤으므로 이 현상을 내 개념의 틀의 네 번째 기둥이라고 불러도 좋습니다. 먼저 최근에야 내 관심을 사로잡은 현상부터 소개하면서 간접적으로 접근해보겠습니다. 그것은 대리인 문제입니다. 대리인은 주인의 이익을 대변해야 마땅

하지만 실제로는 주인보다 자신의 이익을 앞세우기 일 쑤입니다.

경제학자들도 대리인 문제를 폭넓게 분석했지만, 이들은 계약과 동기 관점에서만 바라보았을 뿐, 윤리와 가치 관점에 대해서는 대부분 무시했습니다. 그러나 윤리 측면을 고려하지 않으면 대리인 문제는 다루기가 무척 어려워집니다. 예컨대 정직과 성실 같은 가치가 사람들의 행동을 장악하지 못하고, 사람들은 점점 더 경제적 동기에 따라 행동하게 됩니다.

시장근본주의는 가치를 개입시키지 않는다고 선언함으로써 실제로는 도덕 가치를 훼손했습니다.

보이지 않는 손이 시장을 인도한다고 간주했고, 그래서 시장이 그토록 효율적이라고 보았습니다. 시장 참여자들은 자신의 매매 활동이 시장 가격에 아무런 영향을 미치지 못하므로, 매매에 대해서 도덕적 판단을 내릴 필요가 없다고 보았습니다.

그러나 실제로 금융시장을 지배하는 원칙들은 정치

인들의 보이는 손에서 결정됩니다. 그리고 대의민주주의에서 정치인들은 대리인 문제를 만나게 됩니다.

따라서 도덕 원칙에 따라 문제를 해결하지 못하면 대의민주주의와 시장경제 모두 대리인 문제 때문에 심각한 어려움을 겪게 됩니다. 바로 이런 이유로 대리인 문제가 내가 사고하는 데 큰 비중을 차지하게 되었습니다. 먼저 대리인 문제를 분석한 다음, 자본주의와 열린 사회 사이의 갈등을 다루겠습니다.

나는 이른바 '자원의 저주'와 관련해서 대리인 문제를 처음 접하게 되었습니다. 자원의 저주란 천연자원이 풍부한 나라에 흔히 부패하고 억압적인 정부, 폭동, 내전이 많아서, 천연자원이 부족한 나라보다 사람들이 더 가난하고 비참하게 살아가는 경향을 말합니다. 콩고, 수단, 시에라리온, 라이베리아를 생각해보십시오.

내가 지원하는 비정부기구 중 하나인 글로벌위트니스Global Witness는 "지급 비용을 공개합시다"라는 구호를 내세우면서 사회운동을 제안했습니다. 기본 아이디어는 석유회사와 광산회사들이 여러 정부에 지불하는 비용을 공개하도록 유도하는 것이었습니다. 그러면 합산 금액이 나올 것이고, 각 정부는 그 자금에 대해 국민에게 보고해야 하는 처지가 됩니다.

이 캠페인은 2002년에 시작되었는데, 그 내력이 흥미롭습니다. 아이디어 자체는 '풍부한 오류'로 밝혀졌습니다. 대형 석유회사에는 여론을 통해 충분하게 압력을 넣을 수 있었지만, 비민주국가에 본사를 둔 무책임한 회사들까지 움직일 수는 없었기 때문입니다. 그래서 금액을 합산할 수가 없었습니다.

다행히 영국 정부가 이 운동에 참여해 채굴산업투명성기구Extractive Industry Transparency Initiative를 결성했고, 여러 정부, 기업, 시민단체가 협력해 기업과 정부에 모두 적용되는 투명성 국제 기준을 수립했습니다. 이 기구에 가입한 국가에서는 정부가 책임지고 수령 금액을 공개하기로 했습니다. 나이지리아와 아제르바이잔 같은 나라들이 긍정적인 결과를 나타내고 있습니다.

자원의 저주를 분석할 때, 나는 이른바 '비대칭적 대리인 문제'에 큰 비중을 두게 되었습니다. 현대적 주권 개념으로 보면 한 나라의 천연자원은 그 나라 국민의 재산입니다. 그러나 국민을 대변해야 하는 정부들은 주인인 국민보다 자신의 이익을 앞세워 온갖 부패 관행을 만들어냅니다.

한편 국제 석유회사와 광산회사 경영진은 회사의 이익을 너무도 잘 대변합니다. 이들은 이권을 획득하려고 정부에 뇌물을 주기까지 합니다. 기꺼이 뇌물을 주고받는 행위가 자원의 저주를 일으키는 근본 원인입니다.

대리인 문제를 깨닫고 나자, 나는 곳곳에서 이 문제를 발견했습니다. 공산주의도 대리인 문제 때문에 실패했습니다. 모두가 능력만큼 이바지하고 필요한 만큼 받아야 한다는 카를 마르크스의 제안은 매우 매력적인 아이디어였지만, 공산주의 지도자들은 자신의 이익을 앞세웠습니다.

대리인 문제는 대의민주주의에도 해악이 되었습니다. 선출된 대표들은 권력을 사용해서 공익을 해쳐가면서 자신의 이익을 추구합니다.

최근 금융위기에서도 대리인 문제는 금융 시스템을 무너뜨린 원인으로 밝혀졌습니다. 금융공학자들이 자산담보부증권CDO을 발행해 주택담보대출을 증권으로 전환할 때, 이들은 지리적으로 분산함으로써 위험을 줄인다고 생각했습니다. 그러나 실제로는 합성증권을 만들어서 유통한 대리인들의 이익과 이런 증권을 보유한 사람들의 이익을 분리함으로써 새로운 위험을 만들어냈습니다. 대리인들은 주인의 이익을 보호하는 일보다 자신의 수수료를 챙기는 일에 더 관심이 있었기 때문입니다.

그래서 대리인 문제는 어디에나 존재하는 듯합니다. 대리인 문제는 폭넓게 영향을 미치는데도 비교적 최근에 이르러서야 관심을 끌게 되었습니다. 내 학창 시절에는 사람들이 이 문제를 전혀 인식하지 못했습니다. 지난 20년 동안 대리인 문제를 인식하는 사람들이 늘어났지만, 주로 계약과 동기의 관점에서 연구하는 경제학자들이었습니다. 실제로 대리인 문제는 성격상 윤리 문제이므로, 계약과 동기의 관점에서 분석하면 윤리 문제가 악화합니다. 계약과 동기가 사람들의 행동을 지배한다는 원리를 수립하면, 그 결과 윤리에 대한 고려가 사라지거나 줄어들게 됩니다. 고약하게 들리겠지만, 이는 재귀성을 제대로 이해하지 못했기 때문입니다.

◎ ◎ ◎ ◎

가치는 객관적 현실보다 인식에 더 좌우됩니다. 따라서 사람들이 받아들이는 이론에 의해서 쉽게 형성되는데, 경제 이론이 바로 그런 사례입니다. 사람들은 시장이 보이지 않는 손으로 활동하면서 수요와 공급의 균형을 유지한다고 생각합니다. 보이지 않는 손이 그토록 효율적인 것은 도덕적 판단을 내릴 필요가 없기 때문이라고 봅니다. 모든 가치는 돈으로 나타낼 수 있으며, 돈은 대체할 수 있습니다. "돈에서 냄새나랴?"가 로마인들이 늘 하던 말이었습니다. 그러나 인간이 모두 개인의 이익에 따라 행동한다고 받아들인다면, 도덕적 판단은 존재할 여지가 없습니다. 그리고 도덕적 규범이 없으면 사회도 존재할 수 없습니다.

시장 참여자들은 시장 가치에 따라 행동하고, 시장 가치는 그 특성이 사회를 유지하는 도덕 가치와 전혀 다릅니다. 바로 이런 연유에서 시장 가치와 사회 가치 사이에 갈등이 발생하는데, 나는 아직도 이 문제를 풀지 못하고 있습니다. 대리인 문제를 통해서 나는 새로운 통찰을 얻었습니다. 브루스 스콧Bruce R. Scott의 소론《The Concept of Capitalism(자본주의 개념)》에서 영감을 얻은 후 나는 새로운 이야기를 할 수 있습니다. 실제로 내가 도달한 결론에 나 자신도 놀랐습니다.

스콧은 자본주의가 시장 기능과 결합하면서 오해를

불러일으켰다고 주장합니다. 그리고 이러한 왜곡을 주로 밀턴 프리드먼Milton Friedman*의 탓으로 돌립니다. 나는 한 개인이 아니라 시장근본주의 탓으로 돌립니다. 스콧은 시장의 보이지 않는 손 뒤에 인간 대리인의 보이는 손이 숨어 있다고 주장합니다. 이른바 정치 프로세스로서, 법을 만들고 관리합니다. 바로 여기에서 대리인 문제가 시작되며, 시장 가치와 사회 가치 사이에 갈등이 빚어집니다.

미국은 개인의 자유를 바탕으로 세워진 민주적 열린 사회이며, 개인의 자유는 헌법에서 정한 법치로부터 보호받습니다. 또 미국 경제는 시장 기능 위에 세워졌으며, 시장 기능을 통해서 개인들은 정부의 부당한 간섭을 받지 않으면서 자유롭게 교환 활동을 할 수 있습니다. 이제 정치와 경제가 매끈하게 어울리는 것처럼 보입

---

*   자유방임주의와 시장 제도를 통한 자유로운 경제활동을 주장한 미국의 경제학자. 1976년 노벨 경제학상을 받았다.

니다. 열린 사회와 시장경제가 마치 하나인 것처럼 쉽게 말할 수 있고, 나까지 포함해서 그렇게 말하는 사람이 많습니다. 그러나 겉모습에 속으면 안 됩니다. 자본주의와 열린 사회, 시장 가치와 사회 가치 사이에는 뿌리 깊은 갈등이 있습니다. 이 갈등은 1980년대 레이건 행정부 시절에 세를 얻은 시장근본주의 이데올로기에 가려져 있었습니다.

시장 기능의 두드러진 점은 도덕을 따지지 않는다는 초超도덕성입니다. 돈을 번 과정에 상관없이, 한 사람이 소유한 1달러는 다른 사람이 소유한 1달러와 가치가 똑같다고 봅니다. 그래서 시장이 매우 효율적입니다. 시장 참여자들은 도덕에 대해 걱정할 필요가 없습니다. 효율적 시장에서 개인의 결정은 시장 가격에 약간만 영향을 미칠 뿐입니다. 어떤 사람이 시장에 참여해서 매매하지 않는다면 다른 사람이 매매할 것이며, 역시 가격에 약간만 영향을 미칠 것입니다. 따라서 시장에 참여하는 개인은 결과에 대해 책임이 거의 없습니다. 사람들은 흔히 초도덕과 비╫도덕을 혼동합니다. 주식시장에서 그렇게 큰돈을 번 것에 죄책감을 느끼지 않느냐고, 특히 학생 청중이 자주 내게 묻습니다. 내가 시장에 영향을 미치는 유명 인사가 되기 전까지 의사결정 과정에서 도덕성을 고려하지 않았다고 설명하면 사람들은 대개 이해하지 못합니다.

그러나 시장은 개인적 선택에만 적합할 뿐, 사회적 선택에는 적합하지 않습니다. 시장을 이용하면 개인은 자유롭게 교환할 수 있습니다. 그러나 사회를 지배하는 법을 선택하는 것처럼 사회적 선택을 할 때는 시장이 적합하지 않습니다. 이것이 바로 정치의 한계입니다. 독립적으로 존재하고 스스로 지배하며 수정하는 시장의 개념을 정치 분야에 적용한다면, 이는 사람들을 크게 현혹하는 일입니다. 정치는 도덕이 없으면 제대로 기능을 할 수 없는데도 정치에서 도덕을 빼버리는 행위이기 때문입니다.

미국의 정치 형태는 대의민주주의입니다. 국민이 선

출하는 대표가 권력을 행사합니다. 공직에 선출된 사람들은 국민의 이익을 대변해야 하는 대리인입니다. 그러나 실제로 이들은 대개 국민의 이익보다 자신의 이익을 앞세웁니다. 선출되려면 돈이 많이 들어가며, 대표들은 지지자들에게 신세를 지게 됩니다. 이렇게 하지 않으면 선출될 수가 없습니다. 바로 이런 이유로 정치가 돈에 오염되고 특수 이익집단이 공익을 짓밟게 됩니다.

미국 정치 시스템에서 대리인 문제는 새로운 문제가 아닙니다. 대의민주주의에 본래부터 존재하는 문제입니다. 선출된 대표에 대한 청원권은 헌법에도 들어 있습니다. 그러나 대리인 문제는 내가 처음 미국에 도착한 1956년보다 최근에 훨씬 심각해진 것 같습니다.

특히 특수 이익집단이 증가하고 여론을 조작하는 정교한 기법이 발전한 것처럼, 객관적인 사건들이 부분적인 원인이 됩니다. 그러나 주된 원인은 시장근본주의가 득세하면서 대중의 도덕성이 쇠퇴한 것입니다.

나는 미국이 건국될 때, 사람들이 진정으로 시민의

식에 따라 살았다고 생각합니다. 다행히 건국의 아버지들은 시민의식을 크게 믿지 않았고, 권력분립을 바탕으로 헌법을 제정했습니다. 이렇게 해서 여러 이해관계가 서로 견제와 균형을 이루도록 했습니다. 그래서 도덕성이 쇠퇴했는데도 헌법은 매우 잘 유지되고 있습니다. 1956년 내가 미국에 처음 도착했을 때에도 사람들은 정직과 성실 같은 본질 가치에 따라 산다고 공언했습니다. 보이지 않는 곳에서는 온갖 악행을 저질렀으므로 위선적이라 하겠지만, 그래도 오늘날의 대중 생활과는 많이 달랐습니다. 지금은 뻔뻔스러운 사리 추구가 공공연하게 허용되고, 사람들은 방법에 아랑곳없이 무조건 성공을 갈망하기 때문입니다.

내 말을 오해하지는 마십시오. 과거를 지나치게 장밋빛으로 그리는 것은 특정 시대 사람들의 특징입니다. 나는 그런 명백한 함정에 빠지고 싶지 않습니다. 1956년에는 정치인들이 더 정직했다거나 사회가 더 정의로웠다고 말하는 것이 아닙니다. 그 이후로 미국은 투명성, 책임성, 사회 평등 면에서 크게 발전했습니다. 그러나 시장 근본주의가 등장한 탓에, 사회에서 수용되거나 심지어 칭찬받는 행동이 과거와 크게 달라졌습니다. 시장 가치라는 초도덕성이 도무지 어울리지 않는 분야에 침투했다는 뜻에서, 나는 이런 현상을 공중도덕이 쇠퇴했다고 표현합니다.

나는 시장근본주의란 시장 가치를 특히 정치를 포함한 사회생활에 부당하게 확대 적용하는 행위라고 정의합니다. 경제학에서는 일반적인 균형 상태에서 보이지 않는 손이 최적 자원배분을 보장한다고 주장합니다. 이는 사람들이 사리를 추구하는 과정에서 공익에도 간접적으로 봉사한다는 뜻입니다. 따라서 경제학은 사리와 이윤 동기를 도덕적으로 승인했고 정직, 성실, 타인에 대한 배려와 같은 덕목을 대체했습니다.

이들의 주장은 여러 면에서 설득력이 없습니다. 첫째, 금융시장은 균형을 향하지 않습니다. 일반 균형 이론은 수요와 공급이 독립적으로 주어진다는 조건 아래 결론에 도달했습니다. 그리고 나서 시장의 보이지 않는 손이 수요와 공급 사이의 균형을 유지합니다. 이 방법은 시장 가격과 수요공급 조건 사이에서 벌어지는 재귀적 피드백 고리를 무시합니다. 또 시장 기능 뒤에 숨어 있는 정치 과정이라는 보이는 손도 무시합니다.

둘째, 일반 균형 이론은 초기에 자산이 배분되어 있다고 가정합니다. 사회정의는 전혀 고려하지 않습니다.

가장 중요한 점으로서, 일반 균형 이론은 사람들이 자신의 이익이 무엇인지 알고 이것을 추구하는 최선의 방법도 안다고 가정합니다. 그러나 실제로 사람들의 생각과 현실 사이에는 커다란 차이가 존재합니다.

◎ ◎ ◎ ◎

그런데도 시장근본주의가 의기양양하게 등장했습니다. 어찌 된 일인가요?

경제에 대한 정부의 간섭을 최소화해야 한다는 시장근본주의의 정책 주장에 그럴듯한 근거가 있었기 때문입니다. 시장 기능에 결함이 있을지도 모르지만, 정치 과정에는 결함이 더 많다는 뜻입니다. 정치 과정에 참여하는 사람들은 시장 참여자들보다 오류에 빠지기가 더 쉽습니다. 시장에서는 주어진 가치를 따라가면 되지만, 정치는 사회 가치를 중심으로 전개되기 때문입니다. 앞에서도 다루었지만, 사회 가치는 조작되기가 매우 쉽습니다. 게다가 정치는 대리인 문제에 오염되어 있습니다. 대리인 문제를 막으려면 온갖 안전장치를 도입해야 하는데, 이 때문에 경제 분야에서 정부의 행동은 민간 참여자들보다 훨씬 경직되고 관료적일 수밖에 없습니다. 이런 모든 이유에서 경제에 대한 정부의 간섭을 최소화해야 한다는 주장이 합당합니다.

따라서 시장근본주의는 하마터면 더 강해질 뻔한 부당한 주장을 대체한 것에 불과합니다. 인간의 생각이 모두 불완전하고 사회적 선택은 차선책을 고를 뿐이므로, 정부의 경제 간섭을 최소화해야 한다고 주장할 수도 있었습니다. 이것도 합리적인 주장이었을 것입니다. 그러나 시장근본주의는 정부가 개입할 수 없다는 사실이 자유 시장의 완벽성을 입증한다고 주장했습니다. 아주 잘못된 논리입니다.

내 관점을 명확하게 밝히자면, 나는 시장근본주의가 위험하고도 잘못된 이론이라고 비난합니다. 그러나 정부의 간섭과 규제를 최소화해야 한다는 주장은 지지하는데, 그 이유는 다릅니다.

시장근본주의를 지지하는 세력이 가장 강력한 것은 자본가와 자본 관리자들에게 이롭기 때문입니다. 시장근본주의는 부의 배분을 주어진 조건으로 간주하며, 사리 추구가 공익에도 봉사한다고 주장합니다. 자본가들이 그 이상 무엇을 바랍니까? 이들은 부유하고 강력한 집단이므로, 인식론적 주장뿐 아니라 여론을 적극적으로 조작해서 시장근본주의를 촉진할 수 있습니다. 시장근본주의는 본래 초도덕적인 시장 기능에 도덕성을 부여했고, 사리 추구를 진실 추구와 비슷한 시민의식으로 바꿔놓았습니다. 시장근본주의는 이성의 힘이 아니라 조작의 힘으로 널리 보급되었습니다. 풍부한 자금을 공급받는 강력한 선전 기계가 이익에 대한 대중의 생각을 왜곡하면서 시장근본주의를 지지하고 있습니다. 예를 들면 인구의 상위 1%에만 적용되는 부동산세 폐지 운동이 어떻게 그토록 성공을 거두었을까요?

물론 경제 분야에는 비슷한 조작 기법을 사용하는 경쟁 세력도 있습니다. 그러나 이들은 가장 부유하고 강력한 계층의 이익에 호소하지 못하기 때문에 자금을 충분히 지원받지 못합니다. 그래서 지난 25년 동안 시장근본주의가 당당하게 떠올랐고, 금융위기 속에서도 영향력이 손상되지 않았습니다. 오바마 대통령이 정부의 통제력을 강화하지 않는 방법으로 은행에 자금을 지원한 데서도 이런 모습이 드러납니다.

시장근본주의를 효율적 시장 가설과 결합해서는 안 됩니다. 시장근본주의를 신봉하지 않아도 효율적 시장 가설을 얼마든지 연구할 수 있습니다. 경제학자 중에는 온건한 자유주의자가 많습니다. 그러나 효율적 시장 가설이 미국 대학의 경제학 교육을 완전히 지배하고 있습니다. 이런 현상이 일어나는 것은 시장근본주의를 신봉하는 자본주의자와 재단들이 대학을 재정적으로 지원하기 때문입니다. 이런 집단들은 시장 가치를 법학이나 정치학 같은 다른 학문 분야에 침투시키기도 합니다.

◦ ◦ ◦ ◦

자본주의는 소련 공산주의처럼 열린 사회에 정면으로 반대하지는 않습니다. 그렇더라도 자본주의는 열린 사회를 심각하게 위협합니다. 이미 한 가지를 언급했는데요, 금융시장은 균형을 향하는 것이 아니라 흔히 거품을 향한다는 것입니다. 규제 기능을 제거하자 거대 거품이 형성되었는데, 이 거품이 터지면 미국 경제는 앞으로 여러 해 심각한 영향을 받게 될 것입니다. 오늘 강연에서는 열린 사회를 위협하는 다른 요소를 밝혔습니다. 대리인 문제와 정치 과정을 오염시키는 돈입니다.

열린 사회에서 정치 과정은 공익에 봉사해야 합니다. 오늘날 미국에서 정치 과정은 특수 이익집단의 포로가 되었습니다. 선출된 대표들은 전체 유권자가 아니라 선거에 자금을 지원한 사람들에게 신세를 졌습니다. 오바마 대통령의 의료 법안과 에너지 법안 진행 상황을 보면 분명하게 드러납니다. 유권자들은 공익에 대한 책임 있는 토론이 거의 불가능해졌다고 믿을 정도로 세뇌되었습니다. 국민 보건 서비스와 탄소세는 가망이 없습니다. 우리는 특수 이익집단이 관여하는 사안에 대해서만 해법을 선택할 수 있습니다.

로비 활동이 대리인 문제의 핵심입니다. 어떻게 해야

로비를 통제할 수 있을까요?

로비는 경제적 동기를 수정해서 될 일이 아니라 윤리에 관한 문제입니다. 로비는 수지맞는 사업입니다. 규제가 강화되더라도 여전히 수지맞을 것입니다. 도덕 가치가 없으면 규제를 해도 항상 빠져나가기 마련입니다. 더나쁜 점은, 규제가 공익을 위해서가 아니라 특수 이익집단에 유리하게 만들어진다는 사실입니다. 미국에서는 현재 상처받은 금융 부문이 과거 위상을 회복하려고 시도하고 있지만, 바로 이런 위험이 미국을 기다리고 있습니다.

◎ ◎ ◎ ◎

윤리 문제를 해결할 방법이 있습니다. 우리는 경제와 정치 두 영역을 명확하게 구분해야 합니다. 시장 참여와 입법은 전혀 다른 기능입니다. 시장을 이용하면 참여자들은 자유롭게 교환할 수 있습니다. 시장에서는 참여자들이 이익 동기에 따라 움직이는 것이 완전히 합법적입니다. 반면에 법을 만들고 집행하는 일은 공익을 따라야 합니다. 여기서 이익 동기를 따른다면 잘못입니다. 사람들이 자신에게 유리하게 법을 왜곡하려 할 때 정치 과정이 오염되어 대의민주주의가 열린 사회 발전에 이바지하지 못하게 됩니다. 이런 주장은 최근 정치시장을 논하면서 유행하는 시장근본주의 태도와 정면으로 충돌합니다.

어떻게 하면 열린 사회에서 정치 과정을 개선할 수 있을까요? 여기 간단한 원칙이 있습니다. 사람들이 시장에 참여할 때의 역할과 정치에 참여할 때의 역할을 구분하면 됩니다.

시장에 참여할 때는 마땅히 자신의 이익을 추구해야 합니다. 그러나 정치에 참여할 때는 공익을 따라야 합니다. 그 이유 역시 간단합니다. 완전 경쟁에 가까운 상황에서는 한 사람의 행동이 결과에 영향을 주지 못합니다. 따라서 개인이 시장에서 내리는 결정은 공익을 고려하든 하지 않든 사회 상황에 영향을 미치지 않습니다. 그러나 정치적 결정은 사회 상황에 영향을 미칩니다. 따라서 공익에 봉사하느냐 여부에 따라 엄청난 차이가 발생합니다.

문제는 공익을 일반적으로 인정되는 객관적 기준에 따라 평가할 수 없다는 점입니다. 평가는 유권자의 관점에 달렸습니다. 그러나 객관적 기준이 없으면 유권자의 관점은 손쉽게 조작됩니다. 그리고 조작은 자기강화 과정이어서, 정치적 주장과 이에 대응하는 주장이 극단적일수록 무엇이 옳고 그른지를 판단하기가 더 어렵습니다. 바로 이런 이유로 정치 과정은 매우 비효율적입니다.

반면에 시장 기능은 훨씬 효율적으로 돌아갑니다. 사람들은 무엇이 자신에게 좋은지 모르더라도, 이익이 실적을 측정하는 객관적 기준이 됩니다. 사람들의 행동을 이끄는 여러 가치 중에서 이윤 동기가 크게 두드러진 것도 놀랄 일이 아닙니다.

이익은 사람들이 추구하는 온갖 목적을 달성해주는

수단이 될 뿐만 아니라 이익 자체가 목적이 되기도 합니다. 이익은 성공을 측정하는 믿을 만한 척도이므로 다른 사람들에게서 존경을 받게 되며 자부심도 느끼기 때문입니다. 성공하는 사업가들은 돈을 쓸 때보다 돈을 벌 때 훨씬 안전하다고 느낍니다.

◎ ◎ ◎ ◎

시장 가치가 확산하면서 경제는 엄청난 혜택을 받았습니다. 역사를 돌아보면 기독교는 이윤 추구를 죄악으로 여겼습니다. 그래서 경제 발전이 지체되었습니다. 종교개혁을 거치면서 시장이 빠르게 발전했고, 물질적 진보와 재산 축적의 길이 열렸습니다. 사회는 엄청난 변화를 겪었습니다. 전통적 관계가 계약으로 대체되었습니다. 계약 관계가 사회생활 영역에 갈수록 깊이 침투했고, 마침내 계약 관계는 거래로 대체되기 시작했습니다. 변화의 속도도 갈수록 빨라졌습니다. 바로 내 일생에 속도가 엄청나게 빨라졌습니다.

헝가리에서 어린 시절을 보내던 시절의 변화와 미국에서 성년으로 보낸 기간에 일어난 변화는 그 차이가 극적이었습니다. 그리고 1956년 내가 미국에 도착했을 때 일어난 변화와 오늘날의 변화 역시 극적인 차이를 보여줍니다. 나는 처음 미국에 도착했을 때 시장 가치가 고향 헝가리나 심지어 영국보다 훨씬 더 사회 깊숙이 침투한 모습에 충격을 받았습니다. 당시 영국만 해도 전통적 가치와 계급 차별이 지배적이었습니다. 이후 영국과 미국 모두 변화가 더 진행되었습니다. 의학, 법, 언론과 같은 직업들은 돈을 벌기 위한 사업이 되었습니다. 내가 보기에 이런 현상은 사회의 안정성을 저해했는데, 이는 시장근본주의가 금융시장의 안정성을 해친 것과 마찬가지입니다.

물론 어느 수준의 안정성이 사회에 바람직한지는 관점의 문제입니다. 직업에서 이윤 동기가 담당할 역할이 무엇인지도 역시 논의해볼 문제입니다. 그러나 이윤 동기가 정치 영역에 악영향을 미쳤다는 점은 의문의 여지가 없습니다. 대리인 문제를 심화했기 때문입니다.

◎ ◎ ◎ ◎

어떻게 하면 대리인 문제를 최소화할 수 있을까요? 중대한 이익이 걸려 있는 사람들이 의회에 로비하지 않기를 바란다면, 이는 지나친 기대입니다. 담배 산업은 담배를 규제하는 법안에 반대할 수밖에 없고, 보험 산업은 단일 지불자 의료 시스템*에 반대할 수밖에 없습니다. 그러나 중대한 이익이 걸려 있지 않은 사람들은 자신만의 이익보다 공익을 우선해야 합니다. 이들은 추구하는 목적이 공익이므로, 이른바 '무임 승차자' 문제에 신경 쓸 필요가 없습니다.

---

* 의료비를 민간 보험사가 아니라 정부에서 일괄적으로 거둬서 병원에 지급하는 시스템

요약하자면 나는 앞의 강연에서 인지 기능이 조작 기능보다 우선해야 한다고 주장했습니다. 오늘 강연에서 나는 이윤 동기가 기존 법 안에서는 절대적으로 합법적이지만, 입법 과정에서는 공익이 개인의 이익보다 우선해야 한다고 주장했습니다. 유권자 일부만이라도 위 두 조건을 지킨다면 나는 대의민주주의 기능이 개선되리라고 굳게 믿습니다.

◎ ◎ ◎ ◎

끝으로 개인적인 이야기를 덧붙이겠습니다. 나는 내가 주장한 것을 실천해왔습니다. 헤지펀드 매니저였을 때는 법 안에서 내 이익을 극대화하려고 노력했습니다. 이제 시민으로서, 나는 개인적 이익에 해가 되더라도 법을 개선하고자 합니다. 예를 들어 다른 금융기관들과 함께 헤지펀드를 규제하는 데 찬성합니다. 이 조건을 따르는 사람이 많아지면 우리 정치 시스템의 기능이 훨씬 개선되리라 확신합니다. 또 내가 운영하는 재단과 같은 단체들이 중요한 역할을 담당할 수 있다고 믿습니다. 위 조건을 따르는 사람이 매우 드물기 때문입니다.

내가 운영하는 열린사회연구소에서는 공익 보호 사업을 벌이고 있습니다. 우리는 정부에 책임을 지우는 시민사회운동도 지원하고 있습니다. 개인적으로는 이런 노력을 정치적 자선 사업이라고 부릅니다. 실제 참여하는 사람들이 드물다는 점에서, 이런 활동은 전통적인 자선 사업보다도 세상에 더 크게 이바지할 수 있다고 생각합니다.

나는 특권적 지위에 있습니다. 나는 고객에게 의존하지 않으므로 대부분 사람보다 더 자유롭습니다. 그래서 내가 가진 특권적 지위를 선용해야 한다는 도덕적 의무를 느낍니다. 물론 나는 특수 이익집단보다 힘이 훨씬 약합니다. 그러나 적어도 내 돈이 더 가치 있게 쓰인다는 점에 만족합니다.

문제는 특수 이익집단들도 자신이 공익을 보호하는

것처럼 가장한다는 점입니다. 그리고 설득 방식이 비슷할 때, 진정으로 공익을 보호하는 집단과 거짓 집단을 구분하려면 분별력이 있어야 합니다. 객관적인 기준이 없으면 판단 과정에서 시행착오를 거칠 수밖에 없습니다. 선의의 토론자들은 상대편 역시 선의의 토론자라는 사실을 받아들이지 못할 때가 잦습니다. 상대편의 선의를 확인하는 가장 좋은 방법은 상대편의 주장을 액면 그대로 받아들인 다음 주장의 본질을 분석하는 것입니다. 이렇게 하면 정치 토론에서 인지 기능을 우선하는 바람직한 효과도 있습니다. 본질이 이들의 주장을 뒷받침하지 못하는 경우에만 그 주장을 기각하고 무시해야 합니다. 어느 나라에나 무시해야 할 사람이 있습니다. 안타깝게도 미국에서는 이런 사람들도 무시당하지 않습니다. 이들은 영향력이 매우 커졌습니다.

진실을 전적으로 무시하면서 여론을 조작하려는 사람들의 영향력을 유권자들이 거부해야 열린 사회가 유지될 수 있습니다. 조지 오웰식 선전이 먹혀든 점을 보면 미국은 이런 면에서 문제가 있습니다.

미국을 2세기 동안 잘 지탱해온 정치 과정이 쇠퇴한 것 같습니다. 미국에서는 양대 정당이 중도를 놓고 경쟁했지만, 중도의 입지가 축소되면서 정치는 갈수록 양극화되었습니다. 오바마 대통령은 이 추세를 되돌려 통합하려고 온 힘을 기울였지만 아무 소용이 없었습니다.

결국 민주주의가 어떻게 기능을 하느냐는 그 나라 국민에게 달렸습니다. 정치에 참여할 때의 기능과 시장에 참여할 때의 기능을 구분하는 사람들이 늘어난다면 나는 미국 민주주의의 기능이 개선되리라 믿습니다. 각 개인에게 달린 문제입니다. 이것이 내가 해온 일입니다. 사라지는 중도를 재건하는 일에는 극소수의 사람이 참여해도 도움이 될 것입니다.

THE SOROS
LECTURES

THE SORO

다섯 번째 강연

The Wa

LECTURES

나아갈 길

Ahead

내가 전달하려는 요지는 규제의 범위가 세계적이어야 한다는 말입니다. 그렇지 않으면 금융시장이 세계 수준으로 유지될 수가 없습니다. 규제의 차이를 이용하는 거래 때문에 무너질 것입니다.

기업들은 규제가 가장 완화된 나라로 이동할 것이고, 이 때문에 다른 나라들도 감당하기 어려운 수준까지 위험을 떠안을 것입니다.

시장은 세계적인 규제가
필요하다

The Soros Lectures

이번 강연에서 나는 인간사를 더 잘 이해하기 위한 개념의 틀을 제시했습니다. 인간사는 영원히 타당한 과학 법칙에 의해서 결정되는 것이 아닙니다. 물론 그런 법칙도 존재합니다. 그러나 그런 법칙에 의해서만 사건의 흐름이 결정되는 것이 아닙니다. 상황이 복잡하다는 점도 흐름에 영향을 미치고, 사람의 생각이 작용한다는 점도 영향을 미칩니다.

나는 사람의 생각과 현실 사이의 양방향 관계인 재귀성에 초점을 두었습니다. 그리고 오해와 착각이 발생하면서 우발적으로 현실이 좌우된다는 점을 강조했습니다. 그러나 이상하게도 두 가지 영향 모두 지금까지 무시되었습니다. 이들 때문에 주제에 불확실성 요소가 추가되므로, 가장 단순한 경우가 아니라면 미래를 예측하기가 불가능해집니다.

그렇더라도 그럴듯한 시나리오를 다양하게 그려내서 그 발생 가능성을 평가할 수 있습니다. 바람직한 결과를 제시할 수도 있습니다. 나는 둘 다 여러 번 해보았고, 실제로 두 분야에서 전문가였다고 주장할 수 있습니다. 나는 투자자로서 예측에 집중했고, 자선가가 되어 처방을 제시하기도 했습니다. 예측에 크게 성공했기 때문에 자선가가 될 수 있었습니다. 오늘은 이 두 가지 직무에 대해서 집중적으로 논의하고자 합니다.

◦ ◦ ◦ ◦

우리는 불확실성의 범위가 이례적으로 넓은 역사적 순간을 맞이했습니다. 제2차 세계대전 이후 최악의 금융위기를 방금 지나왔습니다. 이번 위기는 다른 금융위기보다 양적으로 훨씬 크고 질적으로도 전혀 다릅니다. 적절한 비교 대상은 일본이 아직도 헤어 나오지 못하는 1991년 부동산 거품 붕괴와 1930년대 미국 대공황 정도입니다. 이번 위기가 일본의 부동산 거품과 다른 점은, 일본의 위기는 한 나라에 한정되었지만 이번 위기에는 세계 전체가 말려들었다는 점입니다. 대공황과 다른 점은 이번에는 금융 시스템이 붕괴하지 않은 채 인위적으로 유지되고 있다는 점입니다.

실제로 오늘날 우리가 직면한 신용과 레버리지 문제의 심각성은 1930년대보다 큽니다. 1929년에는 미국의 총대출 잔고가 GDP의 160%였는데, 1932년에 250%로 상승했습니다. 2008년에는 365%에서 시작했습니다. 게다가 이것은 1930년대에는 존재하지 않았던 대규모 파생상품을 고려하지 않은 수치입니다. 그런데도 금융 시스템이 인위적으로 유지되고 있습니다. 리먼 브러더스가 파산한 지 겨우 1년이 지나서 금융시장이 안정되었고, 주식시장은 반등했으며, 경제는 회복 신호를 보여주고 있습니다. 사람들은 2008년 붕괴를 단순한 악몽으로 생각하고, 다시 평소처럼 사업을 시작하고 싶어 합니다. 유감스러운 이야기지만, 이번 회복세는 활력을 잃기 쉽고, 2010년이든 2011년이든 '더블딥double dip*'이 올 수도 있습니다.

이런 견해는 지금 분위기와 맞지 않지만, 나만 이렇게 생각하는 것이 아닙니다. 회복 기간이 오래 이어질수록 회복을 믿는 사람이 늘어날 것입니다. 그러나 지금의 분위기는 현실과 동떨어진 것이라고 생각합니다. 이것

---

* 경기침체 후 잠시 회복기를 보이다가 다시 침체에 빠지는 이중 침체 현상

은 균형과 동떨어진 상황에서 나타나는 특성으로서, 인식이 현실을 따라가지 못하는 현상입니다. 이런 지체 현상은 양방향으로 작용하면서 상황을 더 복잡하게 이끌어갑니다. 사람들 대부분은 이번 위기가 이전 위기와 다르다는 사실조차 아직 실감하지 못했습니다. 단지 위기가 끝나간다고 생각합니다. 나를 포함한 일부는 반등이 이어지는 기간을 예측하지 못했습니다.

혼동은 금융 분야에서만 발생하는 것이 아닙니다. 국제 분야 전체에서 발생합니다.

소련이 붕괴한 다음 미국은 유일한 초강대국으로 떠올랐습니다. 어떤 나라도, 아니면 몇 나라를 합쳐도, 미국의 패권에 도전하지 못할 정도였습니다. 그러나 미국이 주도하는 단극單極 체제는 뿌리를 내리지 못했습니다. 부시 대통령은 거짓 구실을 내세워 이라크를 침공함으로써 미국의 패권을 추구했지만, 의도했던 것과 정반대의 결과를 얻었을 뿐입니다. 미국은 힘과 영향력이 가파르게 쇠퇴했습니다. 국제 금융 시스템에서 발생한 혼란도 불안정해진 국제관계와 마찬가지입니다. 마침내 새로운 세계 질서가 떠오를 때, 과거처럼 미국이 지배하게 되지는 않을 것입니다.

현재 일어나는 상황을 이해하려면 지금까지 사용하던 것과 다른 개념의 틀이 필요합니다. 효율적 시장 가설은 정치를 완전히 무시하고 정치와 분리해서 금융시장을 바라봅니다. 그러나 이런 방식은 전체 그림을 왜곡합니다. 앞에서 여러 번 지적했듯이, 시장의 보이지 않는 손 뒤에는 정치라는 '보이는 손'이 있어서 이것이 시장 기능의 규칙과 조건을 설정합니다. 내 개념의 틀이 다루는 대상은 영원히 타당한 법칙에 지배되는 추상적 구조물인 시장경제가 아니라 정치 경제입니다. 나는 금융시장을 역사의 파생물로 봅니다.

◎ ◎ ◎ ◎

제2차 세계대전 이후 재건된 국제 금융 시스템은 동

일한 경쟁 조건이 아니라 한쪽으로 치우친 조건입니다. 국제통화기금IMF과 세계은행WorldBank 등 국제 금융기관들은 주식회사 형태로 설립되었고, 부유한 국가들이 투표권 대부분을 보유하면서 이사회도 지배했습니다. 따라서 주변국들은 중심국보다 불리해졌습니다.

이후 시스템을 지배한 나라는 미국이었습니다. 브레턴우즈 회의*에서 존 메이너드 케인스가 한 제안을 미국 대표 해리 화이트Harry White가 반대했습니다. 거의 완벽하게 규제되었던 국제 금융 시스템은 그날 이후 거의 완벽하게 규제가 사라지게 되었습니다. 이 변화를 주도한 나라가 미국이었고, 미국식 시장경제 체제를 확산하는 전략인 이른바 워싱턴 컨센서스Washington Consensus**가

---

* 제2차 세계대전이 끝나기 직전인 1944년 미국 뉴햄프셔주의 브레턴우즈에서 열린 통화 금융 회의. 전후 세계 금융 질서를 바로 세우기 위해 모인 연합국 44개국 대표는 이 회의에서 IMF와 국제부흥개발은행(IBRD, 세계은행 그룹을 구성하는 5개 기구 중 하나)을 설립하기로 승인했다.

국제 금융 시스템을 계속 이끌었습니다.

워싱턴 컨센서스에서 수립한 원칙들은 모든 나라에 평등하게 적용되어야 하는데도, 주요 국제통화 발행국 인 미국은 다른 나라들보다 '더 평등'했습니다. 실제로 국제 금융 시스템은 2단계 구조입니다. 자국의 통화로 자금을 빌릴 수 있는 나라들이 중심국을 구성하고, 외 국 경화硬貨로 자금을 빌려야 하는 나라들이 주변국을 구 성합니다. 개별 국가는 위기를 맞으면 지원을 받지만 반 드시 엄격한 조건이 부과됩니다. 중심국에나 주변국에나 똑같이 적용됩니다. 그러나 중심국이 위기에 처하면, 다

**　1990년대 초 IMF와 세계은행, 미 정책 결정자들 사이에 이루어진 합의. 개도국 등 제3세계 국가들이 시행해야 할 구조조정 조처로 정부 예산 삭감과 규제 축소, 자본시 장 자유화, 국가 기간산업 민영화, 외국 자본에 의한 국내 우량 기업 합병·매수 허용 등을 제시했다. 민주주의 정부와 민간 주도의 시장경제를 결합한 국가 발전 모델이 핵 심이다. 이후 워싱턴 컨센서스는 미국과 IMF, 세계은행의 입장을 대변하는 신자유주의 의 대명사로 사용되면서 각국 정부가 받아들여 2000년대 초반까지 세계적인 경제 호 황의 기틀을 제공했다. 그러나 결국엔 세계적인 금융위기를 초래한 원인으로 비난받는 처지가 되었다.

른 모든 사항보다도 시스템을 유지하는 일이 우선 과제가 됩니다.

이런 상황이 1982년 세계 금융위기에서 처음 발생했습니다. 채무국이 파산하도록 내버려 두었다면 금융 시스템은 붕괴했을 것입니다. 따라서 국제 금융 당국은 협력해 이른바 협조 융자 시스템collective system of lending을 도입했습니다. 채권국은 대출금 상환 기간을 연장해주었고, 채무국은 추가 자금을 지원받아 일부 채무를 상환했습니다. 그 결과 채무국은 심각한 침체에 빠져 라틴아메리카는 10년 동안 성장이 멈췄지만, 금융 시스템은 차츰 곤경에서 벗어날 수 있었습니다. 은행들은 충분한 적립금을 쌓은 다음, 대출금을 이른바 브래디본드Brady bonds*로 만들어 나머지 손실을 상각할 수 있었습니다.

1997년에도 비슷한 사건이 벌어졌지만, 이번에는 은

---

* 1980년대에 주로 라틴아메리카 국가들이 부도를 낸 다음, 미국 재무부 장관 브래디의 계획을 토대로 발행한 표준화된 증권

행들이 협조 융자 대신 대출금을 증권화했으므로, 손실 대부분을 채무국이 떠안을 수밖에 없었습니다. 이제 이것이 관행이 되었습니다. 채무국에는 엄격한 시장 원리가 적용되지만, 시스템이 위험에 처하면 정상적인 원칙이 보류됩니다. 은행들은 집단적으로 파산하면 시스템이 위험해지므로 구제됩니다.

2007~2008년 금융위기는 달랐습니다. 위기는 중심국에서 발생했지만, 주변국은 리먼 브러더스가 파산한 다음에야 위기에 말려들었기 때문입니다. IMF는 새로운 직무를 맡게 되었습니다. 주변국을 중심국에서 발생한 태풍으로부터 보호하는 일이었습니다. IMF에는 자금이 부족했지만 회원국이 협력해 수조 달러를 조달했습니다. 그런데도 IMF는 상황에 대처하기가 쉽지 않았습니다. IMF는 주로 공공 부문에서 발생하는 문제를 해결하도록 세운 기관인데 신용 부족 문제는 주로 민간 부문에서 발생했기 때문입니다. 그러나 전반적으로 IMF는 새로운 직무를 매우 잘 수행했습니다.

전체적으로 보면 국제 금융 당국은 이번 위기도 과거 위기를 다루던 방식으로 처리했습니다. 위기에 빠진 금융기관을 구제했고 금융 정책과 재정 자극을 동원했습니다. 그러나 이번 위기는 규모가 훨씬 커서 과거와 같은 기법이 큰 효과를 내지 못했습니다. 결국 리먼 브러더스를 구제하지 못했고, 이것이 사건의 흐름을 바꿔놓았습니다. 금융시장은 실질적으로 기능이 중단되었으므로 인위적으로 기능을 유지해야 했습니다. 그래서 정부는 시스템을 위태롭게 할 만큼 중요한 금융기관을 더는 파산시키지 않겠다고 사실상 보장할 수밖에 없었습니다. 바로 이때부터 위기가 주변국으로 퍼져나갔습니다. 주변국은 정부가 이처럼 확실하게 보장할 수 없었기 때문입니다. 이번에 가장 심각한 타격을 받은 곳은 동부 유럽이었습니다. 중심국은 중앙은행의 대차대조표를 이용해서 시스템에 자금을 공급해 상업은행들의 채무를 보증했고, 정부는 적자 재정을 동원해서 전례 없는 규모로 경제를 자극했습니다.

이 방법이 성공을 거두어서 이제 세계 경제가 안정되는 것처럼 보입니다. 세계 금융 시스템이 또다시 붕괴에서 벗어나 점차 이전의 상태로 돌아가는 중이라고 사람들은 안도하는 모습입니다. 그러나 이런 생각은 현재 상황에 대한 심각한 오해입니다. 산산조각이 난 달걀은 다시 짜 맞출 수가 없습니다. 그 이유를 설명하겠습니다.

◎ ◎ ◎ ◎

1980년대부터 진행된 금융시장의 세계화는 미국과 영국이 주도한 시장근본주의 프로젝트였습니다. 금융자본이 세계를 자유롭게 돌아다니도록 허용했으므로, 세금을 부과하거나 규제하기가 어려워졌습니다. 그래서 금융자본은 특권적 지위를 차지하게 되었습니다. 각국 정부는 자국 국민의 열망보다도 금융자본을 규제하는 일에 더 관심을 기울여야 했습니다.

따라서 시장근본주의자들의 프로젝트인 세계화는

크게 성공했고, 각국은 이런 추세에 거스르기가 어려웠습니다. 그러나 세계 금융 시스템은 금융시장이 내버려두어도 안전하다는 잘못된 가정 위에 세워졌기 때문에 근본적으로 불안정했습니다. 바로 이런 이유로 세계 금융 시스템이 붕괴했고, 그래서 다시 짜 맞출 수가 없습니다.

세계 시장에는 세계 규제가 필요하지만, 현재 유효한 규제들은 국가 주권의 원칙에 바탕을 두고 있습니다. 물론 최저자기자본규제에 관한 바젤 협약처럼 국제 협약도 있고, 시장 규제에 대해서 협조가 잘 이루어지기도 합니다. 그러나 권한의 원천은 항상 국가 주권입니다. 이는 멎어버린 기능을 다시 가동하는 것으로는 부족하다는 뜻입니다. 우리는 지금까지 존재하지 않았던 규제 기능을 만들어내야 합니다. 현재 상황을 보면 각국의 금융 시스템은 각국 정부에 의해 유지되고 있습니다. 각국 정부는 주로 자국의 경제를 걱정합니다. 그래서 흔히 금융 보호주의가 등장해 세계 금융시장을 혼란에 빠뜨리거나 파괴하기도 합니다. 영국 당국은 다시는 아이슬란드 당국을 믿지 않을 것이며, 주변국은 외국계 은행에 전적으로 의존하려 하지 않을 것입니다.

내가 전달하려는 요지는 규제의 범위가 세계적이어야 한다는 말입니다. 그렇지 않으면 금융시장이 세계 수준으로 유지될 수가 없습니다. 규제의 차이를 이용하는 거래 때문에 무너질 것입니다. 기업들은 규제가 가장 완화된 나라로 이동할 것이고, 이 때문에 다른 나라들도 감당하기 어려운 수준까지 위험을 떠안을 것입니다. 모든 나라가 규제를 철폐하도록 강요한 덕에 세계화는 큰 성공을 거두었지만, 이제 규제를 다시 살리기는 어렵습니다. 각국이 통일된 규제에 합의하기는 어려울 것입니다. 나라마다 이해관계가 달라서 추구하는 해법도 다르기 때문입니다.

◎ ◎ ◎ ◎

이런 모습을 유럽에서 볼 수 있습니다. 유럽 국가들조차 합의에 이르지 못하는데, 세계의 다른 국가들은 오죽하겠습니까. 위기 기간에 유럽은 유럽 금융 시스템 보장에 관해서 전반적으로 합의에 이르지 못했습니다. 그래서 각국이 자국의 시스템을 보장해야 했습니다. 현재 상황을 보면 유로화는 불완전한 통화입니다. 유럽에 공동 중앙은행은 있지만 공동 재무부는 없습니다. 그러나 은행을 보증하거나 은행 지분을 보유하는 일은 재무부 기능입니다. 위기 덕분에 이런 약점을 보완할 기회가 왔지만, 독일이 걸림돌이 되었습니다.

독일은 유럽 통합을 이끈 주도 세력이었지만 당시는 독일이 통일을 위해서 어떤 대가라도 치르려던 때였습니다. 현재의 독일은 상황이 매우 다릅니다. 다른 나라들과 달리 침체보다도 인플레이션을 두려워하고, 무엇보다 다른 유럽 국가들을 위해서 돈 쓰는 것을 원치 않습니다. 주도 세력이 없으면 유럽 통합은 중단될 수밖에 없습니다.

다행히 유럽에는 사회안전망이 갖춰져 있습니다. 그래서 호황기에는 성장률이 낮아졌지만, 불황기에는 사회안전망이 효과를 발휘한 덕에 유럽의 침체가 예상만큼 심각하지가 않았습니다. 이제 경제가 붕괴할 위험이 감소했으므로 유럽연합에 정치가 되살아나는 조짐이 보입니다.

유럽중앙은행은 아일랜드 은행 시스템을 사실상 구제했고, 아일랜드는 그 보답으로 2005년 부결된 유럽연합 헌법을 개정한 리스본 조약을 전적으로 승인했습니다. 그러나 안타깝게도 유럽연합이 정치적으로 부활하는 과정은 유럽 경제의 부활만큼이나 허약해 보입니다

◎ ◎ ◎ ◎

금융위기가 장기적으로 미치는 영향이 국가별로 달

라진다는 점도 문제가 될 수 있습니다. 단기적으로는 모든 나라가 부정적인 영향을 받지만, 장기적으로는 승자도 나오고 패자도 나올 것입니다. 사건의 실제 흐름에도 불확실성이 매우 높지만, 국가별 상대적 성패를 예측할 때는 불확실성이 더 높아집니다. 터놓고 말하면, 미국은 가장 많이 잃을 것이고, 중국은 최대의 승자로 떠오를 것입니다. 두 나라의 지위는 이미 사람들의 예상을 넘어설 정도로 바뀌고 있습니다. 물론 다른 나라들의 상대적 지위도 크게 바뀌겠지만, 세계 전체를 보면 미국과 중국 사이의 지위 변화가 가장 클 것입니다.

미국은 제2차 세계대전 이후 줄곧 국제 금융 시스템의 중심이었습니다. 달러가 주요 국제통화로 역할을 담당하면서, 미국은 이로부터 엄청난 혜택을 누렸습니다. 그러나 근래에 와서 미국은 이 특권을 남용했습니다. 1980년대부터 미국은 경상수지 적자를 끊임없이 키웠습니다. 이렇게 미국 적자가 무한정 증가할 수 있었던 것은 일본에 이어 중국이 이끄는 아시아 호랑이들이 달러 보유액을 축적해 미국의 적자를 기꺼이 메워주었기 때문입니다. 그러나 미국 가계의 과도한 부채 때문에 이 과정도 끝나게 되었습니다. 주택 거품이 터지자 미국 가계는 과소비를 지탱할 수 없게 되었습니다. 은행 시스템도 엄청난 손실을 보았으므로 스스로 곤경에서 벗어나야 합니다. 상업용 부동산과 차입매수 분야에서도 조만간 유혈사태가 발생할 것입니다. 이런 요소들이 미국 경제를 계속 짓누를 것이므로, 미국 경제는 이제 세계 경제의 엔진 노릇을 하지 못할 것입니다.

중국이 미국의 역할을 어느 정도 대신할 것입니다. 중국은 세계화 과정에서 가장 큰 혜택을 보았고, 금융위기에도 큰 피해를 보지 않았기 때문입니다.

미국을 비롯한 서구에서는 위기가 내부에서 발생해서 금융 시스템 붕괴로 이어졌습니다. 그러나 중국에는 위기가 외부 충격이어서, 수출은 타격을 받았지만 금융·정치·경제 시스템은 전혀 손상되지 않았습니다.

중국은 매우 효율적인 방법을 동원해서 국민의 창의

력, 욕심, 기업가적 에너지를 발산시켰습니다. 또 국민이 개인적 이익을 추구하도록 허용하면서, 환율을 저평가 상태로 유지해 무역흑자를 축적함으로써 노동 잉여가치의 상당 부분을 거둬들일 수 있었습니다. 따라서 중국은 최대의 승자로 떠오를 것입니다.

중국은 민주주의 국가가 아니며, 지배자들도 권력을 유지하려면 사회 불안을 피해야 한다는 점을 알고 있습니다. 따라서 이들은 총력을 기울여 경제성장률 8%를 유지함으로써 증가하는 노동인구에게 신규 일자리를 제공하려 할 것입니다. 그리고 중국은 무역흑자 덕분에 힘이 막강합니다.

중국은 인프라 투자를 통해서 국내 경제를 자극할 수도 있고, 교역 상대국에 투자와 대출을 늘려서 수출을 촉진할 수도 있습니다. 이는 중국이 미국 재무부 채권을 사들임으로써 미국에 대한 수출을 촉진했던 것과 같은 방법입니다. 이제는 미국 소비자들이 소비를 줄여야 하므로, 중국은 다른 나라와 관계를 증진할 수 있습니다.

따라서 미국이 비틀거리는 동안 중국이 세계 경제에 힘을 보탤 것입니다.

물론 중국은 미국보다 경제 규모가 훨씬 작습니다. 미국보다 작은 엔진이므로 세계 경제가 전진하는 속도도 느려질 것입니다. 그러나 이런 상황에서 미국과 중국 사이에 구조적인 변화가 진행될 것이고, 다른 나라들도 긍정적 자극을 주는 나라를 중심으로 새로운 환경에 순응할 것입니다. 일본이 떠올랐다가 가라앉은 것처럼, 이런 변화는 일시적일지도 모릅니다. 그러나 현재로서는 이것이 가장 뚜렷하고 중요한 세계 정치·경제 추세이며, 중국은 일부 아프리카 국가, 아시아 국가, 브라질 같은 교역 상대국을 이끌고 있습니다. 인도도 내수가 순조롭게 성장하고 있습니다.

중국의 경제 정책이 당연히 성공한다고 생각해서는 안 됩니다. 중국이 내륙 지방에 인프라 투자를 한다면 경제가 지속적으로 성장하지 못할 것입니다. 현재 중국 시스템으로는 신규 투자의 수익률이 전반적으로 매우 낮습니다. 상업적이 아니라 정치적으로 투자가 결정되기 때문입니다.

과거에 은행 대출이 확대된 적이 두 번 있지만, 그 결과로 부실 대출이 양산되었습니다. 이제는 권한이 지방 정부에서 중앙정부로 넘어가서 지방 은행 직원들이 지방 정부의 통제를 받지 않으므로, 이번에는 다를 것입니다. 그렇더라도 중국이 당연히 성공한다고 생각해서는 안 됩니다. 게다가 중국도 세계 경기침체에 말려들지 모릅니다. 그러나 중국이 고전한다면 세계 경제는 엔진을 잃게 됩니다. 따라서 중국이 절대적으로 성공한다기보다는 상대적으로 성공한다고 보는 편이 더 확실합니다.

◦ ◦ ◦ ◦

우리가 사는 이 시대는 어떤 면에서 제2차 세계대전의 끝 무렵과 비슷합니다. 당시를 지배하던 시스템은 사실상 붕괴했으므로, 새로운 시스템을 처음부터 구축해야 했습니다. 브레턴우즈에서 승전국들은 이 과업을 수행할 수 있었습니다. 미국이 특권적 지위를 차지하기는 했지만, 이들 국가는 주로 케인스 경의 사상에 따라 세계 전체를 수용할 수 있는 시스템을 구축했습니다.

오늘날 유행하는 다자간 시스템(이른바 국제자본주의)은 완전히 붕괴하지는 않았지만 크게 약해졌고, 본질적 결함이 드러났으며, 실용적인 대안으로부터 도전받고 있습니다. 이제 중국이 떠오르면서, 현행 국제 금융 시스템과는 근본적으로 다른 형태의 경제 구조가 제시되고 있습니다. 이른바 '국가자본주의'인데, 이는 워싱턴 컨센서스가 옹호하는 국제자본주의와 전혀 다릅니다. 지금은 시대의 말기이지만, 우리는 이 사실을 제대로 인식하지 못합니다.

국가자본주의와 국제자본주의는 서로 경쟁 중입니다. 어느 쪽도 매력적이지 않습니다. 워싱턴 컨센서스는 실패했습니다. 국제자본주의는 적절한 규제가 부족한 탓에 본질적으로 불안정함이 드러났습니다. 또 무산

자보다 유산자에게 유리하기 때문에 매우 불공정하기도 합니다.

그러나 국가자본주의에 바탕을 둔 국제 시스템은 필연적으로 국가 사이에 분쟁을 일으킵니다. 이런 분쟁의 첫 신호가 벌써 표면에 떠오르고 있습니다. 역설적이게도 식민지 보유국이 자원 부국을 다룰 때 저지른 실수를 중국이 되풀이하고 있습니다. 식민지 보유국이 자신의 잘못을 깨닫고 이를 고치려고 하는 이 시점에 말입니다. 천연자원을 얻으려고 중국은 그 나라 국민은 무시한 채 지배자들을 상대하고 있습니다. 이런 행동은 부패한 압제 정권이 권력을 유지하는 데 도움이 됩니다. 바람직하지 않은 행태지만, 중국만 비난할 수도 없습니다.

중국은 미국의 대규모 석유회사를 사려 했지만 거절당했습니다. 그리고 최근에는 영국계 광산회사 리오틴토Rio Tinto가 중국 회사에 지분을 팔기로 한 약속을 어겼습니다. 그래서 중국은 국제 금융기관들이 꺼리는 국가를 상대할 수밖에 없었습니다. 미얀마, 수단, 짐바브웨,

콩고, 앙골라 등이 대표적인 국가이고 기니가 최근 사례입니다. 이로부터 상당한 마찰이 발생할 수 있는데, 이는 세계는 물론 중국에도 이롭지 않습니다. 그러나 중국은 자신이 권리를 침해당했다고 생각하며, 여전히 채굴산업투명성기구에 가입하기를 꺼리고 있습니다. 그래서 중국은 이 기구의 성공에 가장 큰 걸림돌이 되었습니다.

기존 다자간 시스템이 재건을 위해 노력하는 동안, 중국은 양자 관계를 확대할 것입니다. 물론 중국도 다자간 시스템에 속해 있지만, 현재 중국의 능력에 걸맞은 지위를 차지하고 있지 않습니다. 따라서 중국은 국제 금융기관에 소극적으로 참여할 뿐이고, 적극적인 관계 확장은 양자 경로를 통해서 진행될 것입니다. 예를 들면 중국은 달러의 역할에 불만을 표시하면서 특별인출권 Special Drawing Rights, SDRs[*]의 역할을 촉진하겠지만, 위안화에 대해 자유교환을 허용하지는 않을 것입니다. 허용하면 환율 저평가를 통해서 값싼 중국 노동력으로 과실을 거둘 수 없기 때문입니다. 중국은 여전히 자본을 통제하

겠지만, 브라질 같은 나라와는 위안화 표시 상호청산계
정을 만들 것입니다. 그러면 위안화로 달러를 대체하지
않더라도 달러의 국제통화 지위가 약해질 것입니다.

○ ○ ○ ○

요약하면 세계는 근본적으로 다른 경제 구조인 국제
자본주의와 국가자본주의 둘 중 하나를 선택해야 합니
다. 미국이 대표하는 국제자본주의는 무너졌고, 중국이
대표하는 국가자본주의는 상승세입니다. 가장 무난한
길은 현재의 국제 금융 시스템을 점진적으로 해체하는

---

* 국제유동성 부족에 대비하는 IMF의 2차적 준비자산. IMF가 가맹국에 출자액의 비
율에 따라 무상으로 배분한 일종의 국제준비통화로, 금과 달러의 뒤를 잇는 제3의 통
화로 간주되고 있다. 특별인출권을 갖고 있는 나라는 국제수지가 악화되었을 때 IMF의
지시에 따라 자국 보유의 특별인출권을 다른 참가국에 넘겨주고 필요한 자금을 얻을
수 있다. 1960년대에 들어 달러 불안이 발생하면서 금과 달러에 이어 새로운 국제통화
의 창출이 불가피하게 되었고, 그 결과 1970년에 특별인출권을 도입했다.

방법입니다. 그러나 양자 관계 시스템이 국가 사이에 갈등을 일으킬 수 있습니다. 더 건전한 원칙에 바탕을 둔 새로운 다자간 시스템을 개발해야 합니다. 그렇게 해야 미국과 중국 모두에 가장 이로우며 물론 세계에도 이롭습니다.

단편적인 방식으로는 국제 협력을 이루기가 거의 불가능하지만, 전체 금융 질서에 대해 일괄 타결이 이루어진다면 국제 협력이 가능합니다. 피츠버그 회의에서 G20가 국제 협력과 전문가 평가의 주요 토론장으로 채택된 것은 올바른 진행입니다. 그러나 IMF의 정관을 변경하려면 오랜 기간 지루한 과정을 거쳐야 하므로, G20는 정관 범위에서 진행되어야 합니다.

이것이 새로운 브레턴우즈 회의에서 단번에 거둘 수 있는 성과입니다. 회의에서는 현재의 국가 서열을 더 잘 반영하도록 IMF를 재구성하고 그 운영 방식도 개정할 것입니다.

대마불사형 금융기관을 다루는 방법도 결정할 것입

니다. 또 자본 이동을 통제하는 새로운 규정도 검토할 것입니다. 금융자본에 세계를 돌아다니도록 완전한 자유를 주었지만, 이는 불안을 일으키는 원천임이 밝혀졌으므로 억제해야 합니다.

무엇보다도 국제통화 시스템을 개혁해야 합니다. 달러가 주요 국제통화로 사용되면서 경제 균형이 위험에 처했습니다. 달러는 이제 과거처럼 신뢰받지 못하지만, 달러를 대신할 통화도 없습니다. 그래서 자본이 화폐로부터 금, 원자재, 유형 자산으로 도피하고 있습니다. 이렇게 되면 자산이 생산적인 용도로 사용되지 못하며 인플레이션 공포를 불러일으키므로 위험합니다.

미국은 특별인출권의 사용 범위 확대를 꺼려서는 안됩니다. 사용 범위를 확대함으로써 중국이 위안화의 달러 연동을 포기하도록 유도해야 하고, 이것이 국제 불균형을 축소하는 최선의 방법입니다. 특별인출권은 여러 나라 통화로 표시되므로, 어느 한 통화가 부당한 이득을 얻는 일이 없습니다.

특별인출권에 포함되는 통화의 종류도 확대해야 합니다. 위안화를 포함해서 새로 추가되는 통화 일부는 완전한 교환이 어려울 것입니다. 따라서 신중하게 관리한다면 달러는 우선적 준비통화로서 지위를 회복할 수 있습니다.

특별인출권이 지닌 커다란 장점 하나는 국제적으로 신용을 창출할 수 있다는 점입니다. 이 장점은 지금과 같은 위기에 특히 유용할 것입니다. 이 신용을 가장 시급한 곳에 제공하면 현재 상황보다 크게 개선될 것입니다. 추가 준비금이 필요 없는 부국으로부터 필요한 나라로 준비금을 이전하는 방식은 언제라도 적용할 수 있으며, 이미 소규모로 적용되고 있습니다.

우리가 지구온난화와 핵무기 확산 같은 문제에 대해서도 진전을 이루고자 한다면, 금융 시스템 이외의 분야에서도 기존 세계 질서를 재편해야 합니다. 여기에는 UN, 특히 안전보장이사회 국가들이 참여해야 합니다.

이 절차는 미국이 주도해야 하지만, 중국과 다른 신

흥국도 동등한 자격으로 참여해야 합니다. 이 국가들은 브레턴우즈 기관에 마지못해 가입했으며, 이 기관을 지배하는 국가들은 이제 힘이 없습니다. 따라서 떠오르는 강국들의 적극적인 지지를 받으려면 새로운 질서 창출 과정에 참여시켜야 합니다.

자국에 유리한 시스템을 미국이 왜 앞장서서 바꿔야 할까요? 현재의 모습으로는 시스템이 생존할 수 없고, 앞장서서 시스템을 바꾸지 않으면 미국은 더 많은 것을 잃기 때문입니다. 미국은 부시 대통령 재임 기간에 힘과 영향력을 많이 잃었습니다. 멀리 내다보는 지도자가 없다면 미국의 상대적 지위는 계속 쇠퇴할 것입니다. 미국은 아직 세계를 이끄는 위치에 있습니다. 이제 부시 행정부 시절처럼 자신의 의지를 다른 나라에 강요할 수는 없지만, 선진국뿐 아니라 신흥국까지 포함해서 협력을 주도할 수는 있습니다. 이렇게 하면 미국은 긍정적인 방식으로 리더십을 회복하게 될 것입니다.

그러면 중국은 현재의 혼란 속에서 승자로 떠오르고

있는데도 왜 새로운 다자간 시스템을 따라야 할까요? 답은 마찬가지로 간단합니다. 중국이 계속 성장하려면 세계 국가들로부터 인정받아야 하기 때문입니다. 이는 중국이 열린 사회를 향해 더 나아가야 한다는 뜻이며, 법치에 따라서 개인의 자유를 증진해야 한다는 뜻입니다. 현재의 군사역학 관계를 고려하면, 중국은 다른 나라들이 중국의 성장을 기꺼이 인정하는 평화로운 환경에서만 계속 성장할 수 있습니다.

세계평화를 유지하려면 새로운 세계 질서에서 미국이 적절한 위치를 차지하는 일이 더욱 중요합니다. 초강대국이 정치력과 경제력의 우위를 모두 상실하고 군사적 패권만 유지한 채 쇠퇴하는 상황은 위험합니다.

앞에서도 역설했지만, 미국의 민주주의는 심각한 문제에 빠져 있습니다. 가혹한 현실을 외면하려는 미국 국민에게 금융위기가 고난을 안겨주고 있습니다.

오바마 대통령은 신뢰 승수를 활용했고, 침체의 고삐를 잡았다고 주장했습니다. 그러나 만일 더블딥이 온다면 국민은 온갖 협박과 선동에 휘둘리게 될 것입니다. 오바마 대통령이 실패한다면 차기 행정부는 국내 문제로부터 관심을 돌리려는 유혹을 받게 될 것이고, 그러면 세계가 커다란 위험에 직면할 수 있습니다.

오바마 대통령의 비전은 바르지만 그는 더 멀리 내다보아야 합니다. 부시와 체니는 힘이 정의라고 믿었지만, 오바마는 국제 협력이 옳다고 믿습니다. 그러나 그는 여러 시급한 문제 때문에 정신이 없습니다. 국제 금융 시스템 재건은 그에게 최우선 과제가 아닙니다. 그의 경제 자문 몇 사람은 100년에 한 번을 제외하면 여전히 효율적 시장 가설이 타당하다고 믿는 듯합니다. 위기에서 살아남은 금융기관들은 과거 어느 때보다도 경쟁력이 더 강해졌으며, 이들은 자신의 힘을 억제하는 시스템 변경에 반대할 것입니다. 시스템이 부서져서 다시 만들어야 하는 상황인데도 이런 인식이 전반적으로 부족합니다. 바로 이런 이유로 내가 강연에서 설명한 금융시장 이론을 폭넓게 받아들이는 것이 매우 중요합니다.

중국 지도부는 오바마 대통령보다 더 멀리 내다봐야 합니다. 중국은 주도권을 쥐고 있습니다. 열린 사회를 향해 더 나아가고자 한다면 중국은 특권을 일부 포기해야 합니다. 지금 당장은 중국 대중이 정치 안정과 경제 발전을 위해서 개인의 자유를 기꺼이 양보하지만, 이 기간이 무한정 이어질 수는 없습니다. 부패도 커다란 문제이며, 법치를 도입해 시민에게 정부 비판을 허용함으로써 권력 남용을 방지해야 합니다.

중국은 세계 국가들에 인정받으려면 더 열린 사회가 되어야 하고, 국가의 번영을 위해서 개인의 자유를 억압해서는 절대 안 됩니다. 세계를 이끄는 나라로 올라서면서 중국은 다른 나라의 의견에도 더 관심을 기울여야 합니다.

그러나 모든 상황이 너무 빠르게 진행되는 탓에, 중국 지도부가 적응하기 어려울지도 모릅니다. 중국은 자신이 제국주의에 희생되었다는 생각에 너무 길든 나머지, 이제는 자신이 제국이 되어간다는 사실을 깨닫지 못하고 있습니다. 이런 이유로 중국은 소수민족과 아프리카를 다룰 때 큰 어려움을 겪고 있습니다. 나는 중국 지도부가 상황에 맞게 대응하기를 희망합니다. 세계의 미래는 여기에 달렸다고 말해도 과언이 아닙니다.

운을 다루는 방법을 아는 사나이

나는 조지 소로스가 투기꾼이라고 생각했다. 다만 영국 중앙은행을 굴복시킨 거물급 투기꾼 정도로만 여겼다. 따라서 그동안 소로스에게 별 관심이 없었고 그의 저서도 읽지 않았다.

내가 소로스에 대해서 조금 알게 된 것은 《블랙 스완(The Black Swan)》의 저자 니콜라스 탈렙의 《행운에 속지 마라(Fooled by Randomness)》를 번역하면서였다. 탈렙은 상상을 초월하는 독설가였다. 그에게 걸리기만 하면 유명 언론인부터 노벨상 수상자에 이르기까지 뼈도 못 추렸다. 소로스도 그에게 걸렸으니 무사할 수가 없었다. 탈렙은 소로스가 단지 다른 지성인들로부터 인정받지 못했기 때문에, 돈을 벌어 우월한 지위를 얻으려 했던 것이라고 보았다. 여자를 유혹하려고 아무리 노력해도 안 통하자 마침내 빨간색 페라리를 장만한 사내와 같다고 비유했다. 그러나 탈렙의 비판은 이 정도로 가벼운(?) 수준에 그쳤고, 소로스 덕분에 자신이 진정으로 존경하는 유일한 철학자 칼 포퍼를 재발견하게 되었다고 말했으며, 뜻밖에도 소로스에 대해 다음과 같이 칭찬까지 늘어놓았다. (탈렙에게 칭찬받은 사람은 매우 드물다.)

"소로스는 운을 다루는 방법을 알고 있었다. 그는 항상 지극히 개방적인 마음 자세를 유지했으며, 조금도 거리낌 없이 자신의 견해를 바꿨다. 그는 항상 자신이 오류에 빠지기 쉽다고 인정했는데, 바로 그 이유로 대단히 강력한 존재였다. 그는 포퍼를 이해했다. 단지 글을 보고 소로스를 판단해서는 안 된다. 그는 포퍼와 같은 인생을 살았다."

나는 소로스를 단순한 투기꾼으로 보아서는 안 된다고 생각했다.

2010년에 출판사로부터 이 책의 번역을 의뢰받았다. 소로스를 오해했던 점에 미안한 감도 있고 이 책의 몇 가지 특징이 마음에 들어서 번역하기로 했다. 이 책은 2009년 10월 소로스가 자신이 세운 중부유럽대학에서 닷새에 걸쳐 강연한 내용이다. 책의 분량이 적었고, 구어체라서 문장도 짧고 단순했다. 강연 동영상에 나타난 소로스의 모습은, 자신이 세운 대학 학생들에게 초로의 신사가 평생 얻은 경험과 지식을 정리하여 아낌없이 전해주는 모습이었다. 그는 과연 파란만장한 삶을 살았다. 그가 포퍼와 같은 인생을 살려고 했던 것은 우연이 아니었다. 그에게는 포퍼가 말한 '열린 사회'가 너무도 소중하고 절실하게 필요했기 때문이다. 이런 맥락에서 그는 '새로운 경제사상 연구소'를 설립해서 10년 동안 5,000만 달러를 후원하기로 약속했다고 강연회에서 발표했다.

소로스의 인생과 철학에 대한 평가는 독자들의 몫이다. 다만 나는 그가 자신의 소신을 꿋꿋하게 지키면서 평생을 살아온 인물이라고 생각한다. 어떤 믿음을 평생 유지한다는 것은 절대 쉬운 일이 아니다. 내가 책을 통해서 그런 인물로 인정하는 사람으로 워런 버핏, 찰리 멍거, 존 보글 등이 있는데, 이제 소로스를 추가하고자 한다.

나는 될 수 있으면 쉽고 간결하게 번역하려고 노력했으나 철학은 결코 쉬운 분야가 아닌 듯하다. 오역이나 악역이 분명히 많을 것이다. 한 번 읽고 끝날 유행 서적이라면 상관없지만 이 책은 앞으로도 많은 사람이 읽을 만한 책이라고 생각하므로 계속 개선해나가고자 한다. 잘못된 부분을 발견하거나 더 나은 표현이 떠오르는 독자는 블로그(blog.naver.com/keonlee0324)나 이메일(keonlee@empas.com)로 알려주시기 바란다.

2010년 3월

이건

'투기꾼' 편견에 가려진,
'열린 사회'를 향한 열정

조지 소로스는 누구인가

"열린 사회에 대한 나의 믿음이 세상 사람들과 널리 공유되지 않으면 아무런 의미가 없다."

—조지 소로스, 《소로스가 말하는 소로스》 서문 중에서

조지 소로스만큼 유명하면서도 저평가된 인물은 드물 것이다. 아직까지도 많은 사람이 그의 이름을 접하면 '영국은행을 침몰시킨 헤지펀드 매니저'를 먼저 떠올린다. 1992년 파운드화 매도 사건 때문에 수많은 영국인은 그를 자신의 삶의 터전을 짓

밝은 악의 화신으로 기억한다. 한국 사람에게도 소로스라는 이름은 먼 이야기가 아니다. IMF 사태는 아시아 외환위기로 엮이는 일련의 거대한 사건의 한 부분이었고 그 시발점은 1997년 소로스의 태국 밧화 매도였다.

1998년 1월 소로스는 김대중 대통령 당선자의 초청으로 한국을 방문했고, 한국에 대한 투자를 약속한 다음 실제로 서울 증권을 인수하는 등 위기에 빠진 한국에 자금을 투입하는 행보를 보였지만 그런 사실은 잊힌 지 오래다. 그 사건을 기억하는 일부의 사람도 그가 한국에도 '투기의 손길'을 뻗쳐서 수백억 원을 '털어갔다'고 묘사할 뿐이다. 그가 세운 '열린 사회 재단'이 '빌 앤 멜린다 게이츠 재단'에 이어 기부금 총액 세계 2위의 재단이라는 사실, 소련 몰락 이후 동구권의 민주주의 정착을 위해 혼신의 힘을 다했다는 점, 환경 문제에 대한 관심과 규제 강화를 지지하는 시각 등은 그다지 주목받지 못한다. 언론이 주목하는 것은 오로지 '투기의 제왕'이 다음에 공격할 대상이 어디일까 하는 것뿐이다. 그를 거물의 반열에 올려놓은 1992년 파운드화 매도 사건은 그의 오른팔이던 '스탠리 드러켄밀러'가 입안한 계획이었고, 그 시점에 그는 이미 일상적인 펀드 운용에서 손을 떼고 동유럽의 민주화에 매진하고 있었음에도 불구하고 말이다.

투자자로서 그는 '성공한 화이트 해커' 정도의 묘사가 적절해 보인다. '화이트 해커'란 보안 시스템의 취약점을 분석하고 경고하기 위해 해킹하는 사람을 지칭한다. 그는 자신의 투자 행위가 시스템의 결함을 발견해 합법적으로 돈을 버는 행위이자 정책 당국자에게 시스템의 결함을 알려 경종을 울리는 행위라고 표현한다.

1990년대 파운드화를 비롯한 여러 유럽 화폐에 대한 공격은 ERM European Exchange Rate Mechanism (유럽 환율 메커니즘)에 내재된 불안정성에 기인한다. 그는 "군중의 한 사람"이었고, "우리가 그렇게 하지 않았더라도 그 과정은 거의 비슷하게 진행되었을 것이다. 우리는 그 과정을 조금 가속화했을 뿐이었다"라고 묘사한다. * 한편 프랑화에 대해서는 "공격에 가담하지 않고 논평을 실었더니 프랑스 당국이 더 심하게 노발대발했다"라며 "투기꾼은 침묵하면서 투기만 해야 한다는 것을 그때 깨달았다"라고 언급한다. ** 시스템의 결함을 아무리 입으로 떠들어봤자 여러 정치적 이해관계 때문에 무시당하거나 왜곡당할 뿐

---

*   조지 소로스, 《소로스가 말하는 소로스》, 123쪽, 국일증권경제연구소
**   같은 책, 127쪽

이다. 이를 해소하는 유력한 방안이자 그를 비롯한 극소수만이 할 수 있는 방안으로서 그는 실제 행동으로 결함을 입증하겠다고 마음먹은 듯하다.

칼 포퍼의 제자이자 헤지펀드 매니저로서 자유 시장을 지지하는 것이 자연스러워 보이지만 의외로 그는 규제의 중요성을 역설한다. 은행의 건전성을 중요시하고 파생상품을 사용한 레버리지를 강력하게 규제할 것을 주장한다. 투자 행위에 대한 그 자신의 인식은 다음과 같은 발언으로 요약할 수 있을 것이다. "투기꾼이 돈을 번다는 것은 곧 당국이 무언가를 잘못하고 있다는 증거다. 그러나 그들은 잘못을 인정하려 들지 않는다. 무엇이 잘못되었나를 짚어보는 자기 성찰을 도외시한 채 투기꾼더러 밤길을 밝혀달라고 하는 식이다." [*]

소로스는 1990년 즈음에 이미 펀드 운용보다 민주주의 실현에 방점을 두고 있었다. [**] 1980년 펀드 순자산이 1억 달러를 돌파하고 개인 재산이 2,500만 달러를 넘었을 때 그는 남아공에 재단을 설립했다. 동유럽의 반체제 인사를 지원하던 그는

---

[*]　같은 책, 125쪽
[**]　같은 책, 50쪽

해제

1984년 헝가리에 재단을 설립했고, 이 재단은 1989년까지 헝가리 지식인의 터전이 되었다. 이후 중국, 폴란드, 우크라이나 등에 재단을 설립한 그는 공산국가가 몰락한 자리에 민주주의가 정착할 수 있도록 심혈을 기울였다. 현재 재단이 설립된 국가는 100개국이 넘는다.

2009년 글로벌 금융위기의 후폭풍이 한창이던 시기, 그는 금융위기에 대한 근본적인 해법으로 '새로운 경제사상 연구소'를 설립해 거액의 후원을 약속했다. 같은 시기에 그는 기후 정책 자문 기관CPI, Climate Policy Initiative도 설립했고 청정 기술에 수십억 달러를 투자했다. 또한 유로존이 세계의 축소판이라면서 유럽의 분열과 통합에 지대한 관심을 기울였다.

헤지펀드를 통해 크게 성공한 그는 본질적으로 비난받을 수밖에 없는 위치에 있다. 세상을 더 좋게 만들고자 하는 행보는 '이미지 관리' 혹은 나아가 '자유 시장을 확대해 공격 대상을 넓히려는 음모'로 폄하된다.

소로스는 스스로를 '실패한 철학자'이자 '국경 없는 정치인'이라 부른다. 그에게 롤 모델이 있다면 아마도 존 메이너드 케인스일 것이다. 그는 대표작《금융의 연금술》에서, 자신의 꿈은 케인스의 일반 이론이 1930년대 대공황을 예측했던 것처럼 1980년대의 거대한 불황을 예측하는 것이었다고 밝힌 바 있다.[*] 케인스는 제1차 세계대전 이후 독일에 부과한 과도한 배상금을 지적하며 새로운 전쟁을 경고하는 통찰력을 보였으며, 경제학을 상아탑에만 머무르게 하지 않고 실제 경제 정책에 반영되는 실전 학문의 반열에 올려놓았다.

케인스는 구 경제학에 반기를 들고 새로운 학파를 창시했다. 자본주의의 멸망을 예언한 마르크스의 꿈을 좌절시켰다. 소로스 또한 기존의 이론에 반기를 들었고 세상에 적극적으로 개입해 자신이 바라는 세상을 만들어가고 있다. 둘 모두 인간과 사회에 대한 깊은 고찰을 사고의 근간으로 삼는다.

우리는 그에게서 무엇을 배울 수 있을까? 소로스가 선이냐 악이냐라는 흔해빠진 질문을 던지기보다 '행동하는 사상가'로서 그의 사고와 통찰을 공부해볼 필요가 있지 않을까?

재귀성은 왜 중요한가?

"경제 이론은 가치를 주어진 것으로 받아들이도록 우리를

---

[*]   조지 소로스, 《금융의 연금술》, 37쪽, 국일증권경제연구소

훈련시켰지만 현실은 가치가 재귀적 과정에 의해 결정된다는 것을 보여준다."

—조지 소로스, 《금융의 연금술》 중에서

소로스 사고의 핵심은 재귀성reflexivity이다.[*] 투자를 할 때나 사회 문제를 바라볼 때 언제나 이 관점을 취한다. 따라서 소로스의 사고를 이해하려면 재귀성을 깊이 고민해볼 필요가 있다.

재귀성은 두 함수의 결괏값이 서로의 입력값이 되는 시스템을 의미한다.

함수 f가 입력값 x를 가지고, f의 출력값 y가 함수 g의 입력값이 되고, 함수 g의 출력값인 x가 다시 함수 f의 입력값이 되

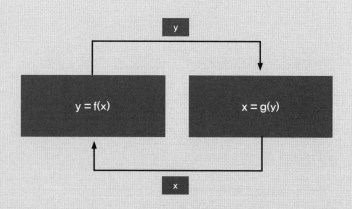

면 두 함수 f와 g는 재귀 관계다. 엑셀을 다루는 사람이라면 '순환 참조'라는 오류를 종종 겪는데, 바로 그 순환 참조 상황이 재귀 관계다.

시스템의 결괏값이 다시 입력값이 되는 과정을 피드백 고리feedback loop라고 부른다. 피드백에는 변숫값의 변동 폭을 키우는 긍정적 피드백positive feedback과, 변숫값을 안정화하는 부정적 피드백negative feedback이 있다.

금융시장을 비롯한 사회 시스템에는 재귀성이 내재되어 있다. 이는 인간 인식의 불완전함 때문에 발생한다. 인간은 의사결정을 할 때 그 결정에 필요한 모든 정보를 알 수 없다. 주어진 정보를 한정된 연산력으로 처리해야 하며, 그 과정에서 다른 사람의 의사결정을 참조한다. 이 과정에서 재귀성이 형성된다.

쉽게 말해, 주식 투자를 할 때 옆자리에 앉은 사람이 주식을 샀느냐 팔았느냐가 내 의사결정의 주요 변수로 작용한다는 뜻이다. 옆자리에 앉은 사람이 주식을 샀다는 이유로 나도 따라

---

* '재귀적'이라는 표현은 'recursive'를 번역할 때 쓰인다. 재귀(recursion)란 문제를 정의할 때 스스로를 참조하는 경우를 뜻한다. 'recursivity'를 재귀성이라고 번역해야 할 것이므로 'reflexivity'는 재귀성보다는 '반영성'이라고 번역해야겠지만, 이 글에서는 널리 통용되는 번역을 따라 재귀성을 사용했다.

서 사면 긍정적 피드백, 옆 사람이 주식을 샀기 때문에 내가 주식을 판다면 부정적 피드백이다. 그 옆 사람 또한 의사결정을 할 때 나의 행동을 참고한다면 이 고리는 끝없이 돌고 돈다.

재귀성은 각 행위자가 의사결정을 할 때 '필요한 모든 정보를 알고 있다'고 가정한 주류 경제학의 대안 이론이다. 주류 경제학은 여러 가지 심각한 결함을 안고 있는데, 그중 하나가 효율적 시장 가설이다. 지면의 한계상 이 가설을 길게 논할 수는 없지만,* 이 가설에 기초한 이론이 현실을 제대로 묘사하지 못할뿐더러 금융시장의 불안정성을 방치하는 경향이 있다는 점은 명백하다.

최근 들어 행동경제학이 대두되면서 효율적 시장 가설의 대안 이론으로 떠오르고 있지만, 소로스의 표현을 빌리자면 행동경제학은 '반쪽짜리 이론'이다. 행동경제학은 제한된 정보로 빠르게 의사결정을 할 때 합리적이지 못한 결정을 내리는 보편적인 경향이 있음을 입증했다. 그러나 이를 실제 의사결정에

---

* 관심이 있다면 데이비드 드레먼의 《역발상 투자 불변의 법칙》을 읽어보기 바란다. 저자는 책 한 권의 절반 이상 분량을 할애해서 효율적 시장 가설을 반박하고 그 문제점을 지적한다. 내 견해는 《주식하는 마음》(유영) 7장과 10장에서 상세히 언급했다.

적용하기에는 여러 문제가 따른다.

첫째, 합리성의 기준이 어디인가 하는 것이다. 경제적으로 불리한 선택이라 하더라도 참여자가 처한 상황의 전반적인 맥락(손실 한도의 차이, 위험 회피 성향 등)에 비추어 보면 합리적인 의사결정으로 볼 수 있는 경우가 많다. 어떤 의사결정에서 투자 대상의 객관적인 효용, 즉 우리가 가치라고 부르는 값은 누구도 정확하게 측정해낼 수 없다.

둘째, 예측 모델이 없다는 것이다. 행동경제학은 특정 상황에서 인간이 일반적으로 가지는 행동 편향을 드러내주지만 그 편향의 결과 향후 사건이 어떻게 전개될 것이냐에 대해서는 거의 아무것도 예측해주지 않는다. 편향은 더욱 심해질 수도, 완화될 수도 있다. 편향이 존재함을 밝혀내는 것은 문제 해결의 첫걸음일 뿐, 마지막 걸음이 아니다.

다시 재귀성으로 돌아오자. 인간의 행동은 '인식'과 '조작'으로 나눌 수 있다. 이는 캄브리아기에 생명체가 '사냥 활동'을 하면서 시작된 뿌리 깊은 기능이다.[*] 생명체는 외부의 상황을 인지하고 외부 세계에 영향력을 행사함으로써 생존과 번식의

---

[*]   리사 펠드먼 배럿, 《이토록 뜻밖의 뇌과학》 1/2강, 더퀘스트

가능성을 높인다.

소로스가 행동경제학을 반쪽짜리 이론이라고 지적한 것은, 이 학문이 인간의 인지 기능에 오류가 있고 이에 따라 편향된 선택을 한다는 것은 밝혀냈지만 그 편향된 선택이 다른 사람의 의사결정에 다시 영향을 끼쳐서 편향을 확대하거나 축소하는 결과를 낸다는 데까지는 이르지 못했기 때문이다.

재귀성에 따르자면 자본시장의 움직임은 자기강화self enhancing 와 자기파멸self defeating 로 나눌 수 있는데, 자기강화 과정이 곧 긍정적 피드백이고 자기파멸 과정이 부정적 피드백이다. 자기강화와 자기파멸은 언제나 일어나는데, 시장 가격은 균형에 가까운 상태near equilibrium 와 균형에서 멀리 떨어진 상태far from equilibrium 로 나눌 수 있다.

균형에 가까운 상태에서는 특별한 일이 없는 한 자기파멸 과정, 즉 부정적 피드백이 발생해서 큰 움직임이 일어나기 어렵다. 가격을 균형에서 멀어지게 하는 어떤 이벤트가 발생하고 자기강화 과정을 거치면 가격이 균형에서 멀리 떨어진다. 균형에서 멀리 떨어진 상태에서 자기파멸을 일으킬 수 있는 이벤트가 발생하면 가격은 다시 균형을 향해 가는데, 가격에서 멀리 떨어질수록 균형을 향해 가려는 힘이 더욱 강해진다.

이것이 소로스가 이야기하는 호황-불황 모델이다.

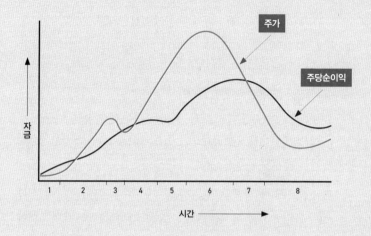

《금융의 연금술》에는 이러한 재귀 과정의 다양한 사례가 등장한다. 이 책《소로스 투자 특강》에도 언급된 거대 복합 기업의 인수 합병, 통화시장의 재귀성, 신용 대출과 규제의 순환, 국제 채무 문제와 집단 대출 제도 등 거의 모든 분야에서 재귀성을 발견할 수 있다. 특히 '레이건의 제국적 순환'이라고 부른 자기강화 과정을 간략히 살펴보자면 다음과 같다.

달러 강세 → 수입 증가 → 물가 안정 → 경제 강화 → 자본 유입 → 달러 강세

자본 유입 → 군비 지출 증가 → 소련 약화 → 서구권 안정 → 자본 유입

이러한 달러 강세는 균형에서 멀어질 수밖에 없고, 달러 약세를 인위적으로 유도하는 플라자 합의에 이르게 된다. 이 시기 소로스는 달러 약세에 베팅해 큰돈을 벌었고, 그 과정은《금융의 연금술》에 실시간으로 기록되어 있다.

2008년 금융위기는 호황-불황 모델의 전형적인 사례라고 볼 수 있다. 1990년대 후반 미국 부동산 가격이 상승하는 와중에 컴퓨터의 보급률 확대와 성능 향상으로 인간은 더 많은 데이터를 빠르게 처리할 수 있게 되었다. 금융회사는 부동산 가격의 과거 변화를 토대로 한 파생상품을 CDO라는 형태로 결합했고, 신용 평가 기관의 위험 예측 모델은 (몇 가지 정치적 이해관계와 맞물려) 이 상품에 미국의 신용등급과 맞먹는 AAA 등급을 부여했다. 문제는 과거 십여 년간의 '장기간 데이터'가 부동산 가격의 전반적인 속성을 드러내기에는 지나치게 '단기간 데이터'였다는 점이다. 2007년 6월 베어스턴스의 모기지 펀드가 대규모 손실을 내면서 시장에 첫 번째 충격을 주었고, 이에 따른 다른 펀드의 상각이 연쇄적으로 이어지면서 시스템 전체의 붕괴를 가져왔다.

근래의 사건으로 보자면 2021년 초 게임스탑의 사례를 들 수 있다. 헤지펀드의 공매도에 대항해 레딧을 중심으로 개인 투자자가 게임스탑의 주식을 적극적으로 매수하면서 주가가 급등했다. 게임스탑은 오래된 사업을 하면서 저조한 실적을 보이고 있었는데, 주가 급등을 맞이해 4월과 6월 두 번의 유상증자를 거쳐 건전한 재무 구조로 거듭났다. 게임스탑 주식을 매수한 투자자의 행위가 균형에서 벗어난 행위였는지 단언하기는 어렵지만, 기업이 대규모 자금을 조달해 펀더멘털을 강화하는 데 기여한 것은 명백하다. 즉 사람의 인식이 기업의 펀더멘털을 바꾸었다.

재귀성을 투자에 어떻게 활용할 수 있는가?

이 책은 투자 방식을 논한다기보다는 세상을 바라보는 소로스의 관점을 담담하게 풀어내는 것에 가깝다. 앞서 언급했다시피 그의 관심사는 투자로 돈을 버는 것보다는 지금껏 번 돈을 가지고 세상을 더 이롭게 만드는 것에 있다. 그러므로 그의 몇 마디 말을 힌트 삼아 투자 기법을 도출해내는 것은 아주 위험하며 만용에 가까운 행위가 될 것이다. 그러나 그는 버핏과 유사하게 투자를 통해 대가의 반열에 올랐고, 버핏과 달리 스스로 투자에 관한 책을 집필했다. 그런 그로부터 투자 방식을 취해보고자 하는 시도가 완전히 무의미하다고 보기는 어렵다.

그는 항상 재귀성을 강조하면서도 《금융의 연금술》을 쓸 때 재귀성이라는 용어를 부정확하게 사용했다'는 점을 시인한 바 있다.[*] 여기서 힌트를 얻어 보자면, 재귀성은 일반 이론으로서의 재귀성과 특수 이론으로서의 재귀성으로 나눌 수 있다. 일반 이론으로서의 재귀성이란 생각하는 참여자thinking participant가 포함되어 서로의 의사결정에 영향을 미치는, 시스템 자체의 일반적인 속성을 지칭할 때의 재귀성이다. 특수 이론으로서의 재귀성은 재귀 구조가 사건 진행과 참여자 사이에 균열을 일으켜 불균형 상태를 초래하는 특수한 경우를 지칭한다. 이 경우는 간헐적으로 발생하지만 일단 발발하면 역사의 한 장면이 된다.

앞서 언급했듯이 균형에 가까운 상태에서는 특정한 움직임을 예측하기 어렵다. 그러나 가격이 균형에서 멀어지게 하는 이벤트가 발생할 경우, 균형에서 더욱 멀어지는 자기강화 혹은 방향을 뒤집어 균형으로 복귀하려는 자기파멸 등의 미래를 어느 정도 추론할 수 있게 된다.

만약 임계점과 균형점을 계산해낼 수 있다면 승리 시 이익

---

[*]   소로스, 《소로스가 말하는 소로스》, 103쪽

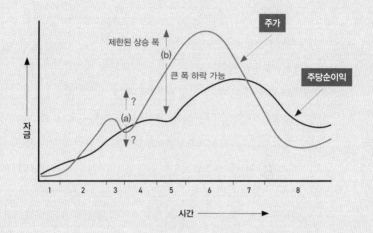

금과 손실 시 손해액이 추산된다. 드러켄밀러는 '자신이 옳은지 그른지가 중요한 것이 아니라, 옳았을 때 얼마를 벌고 틀렸을 때 얼마를 잃느냐가 중요하다'는 것이 소로스에게 배운 가장 중요한 교훈이라고 한 바 있다.*

위의 그림으로 다시 이야기해보자면, (a) 지점에서는 특별한 가설을 세우기 어렵기 때문에 의사결정을 하지 않는다. (b) 지점에서는 가격이 큰 폭의 변화를 보였고 비대칭적 손익 구조

---

* 잭 슈웨거, 《새로운 시장의 마법사들》 9장, 이레미디어

를 파악했기 때문에 아래 방향으로 베팅을 해봄 직하다(당연히 반대의 경우 위 방향 베팅도 가능하다).

가격의 왜곡을 발견하고 승리·패배 시 손익 비율을 계산했다면 이제 남은 것은 승리 확률과 패배 확률 계산이다. 그런데 현실 세계에서 미래의 확률값은 계산하기 매우 어렵다. 이 지점에서 소로스는 다른 투자자와 다른 강력한 무기를 가지고 있는데, 바로 자신의 자금력과 명성이다. 이 책에서 언급되다시피 그는 "거품이 형성되는 모습을 발견하면 즉시 자산을 사들여 불난 곳에 기름을 붓는다".[81쪽] 아마도 이 한 문장이 그를 가장 돋보이게 하는 묘사일 것이다. 그는 스스로가 시장 참여자라는 상태를 적극 활용해 다른 투자자의 이목을 끌 수 있는 이벤트를 직접 만들어냄으로써 자신에게 유리한 시나리오가 벌어질 확률을 높여버린다.

그의 모든 발언을 종합해 추측해보자면 그의 투자 방식은 이러하다. 1) 가격의 왜곡을 발견한다. 2) 승리·패배 시 손익 비율이 유리한지 확인한다. 3) 스스로 시장 참여자로서 왜곡을 되돌릴 수 있도록 영향력을 행사한다.

1)에서 가격의 향방에 따른 다양한 시나리오를 쓰고, 2)에서 시나리오별 손익 구조를 파악하며, 3)에서 유리한 방향으로 전개될 확률을 높인다.

그렇다면 다른 투자자가 그를 따라 할 수 있을까? 1)과 2)는 어떻게든 할 수 있을 것이다. 문제는 3)이다. 소로스만큼 영향력이 있어야 하거나, 그 정도의 영향력을 행사할 수 있을 만큼 상대적으로 작은 시장에서만 투자해야 할 것이다.

그러나 그의 발언과 자본시장의 일반론에 비추어 볼 때 3)은 그다지 핵심 요소가 아니다. 오히려 '어쩔 수 없는 선택'에 가깝다. 먼저 소로스 역시 아주 많은 실패를 했다. 아시아 통화 위기에서 번 돈은 의외로 그렇게 많지 않고,* 2000년에 기술주 투자에서 큰 실패를 하면서 드러켄밀러가 떠나게 된다. 드러켄밀러의 앞서 언급에서도 알 수 있듯이, 소로스는 승패 확률보다 손익 구조를 중시한다. 그의 영향력이 승리 확률을 극단적으로 높일 수 있었다면 위와 같은 상황은 벌어지지 않았을 것이다. 또한 규모가 커지고 주목을 받을수록 수익을 내기 어렵다는 것은 버핏을 비롯해 수많은 투자자가 한목소리로 이야기

---

* 〈월스트리트 저널〉 1997년 9월 5일 자 기사에 따르면, 소로스는 말레이시아 링깃에 대한 숏 포지션을 너무 일찍 취했고, 밧화 붕괴 이후에도 링깃은 건재했기 때문에 롱 포지션으로 되돌렸다. 이때 링깃이 붕괴하면서 오히려 링깃 하락을 완충하는 역할을 했다. 〈아틀라스〉 기사(http://www.atlasnews.co.kr/news/articleView.html?idxno=847) 참조.

하는, 업계의 정설이다. 소로스가 언론을 적극적으로 이용한 점은 규모가 커져서 거동이 불편해짐에 따르는 문제를 풀기 위한 차선책이었을 가능성이 있다.

소로스 투자의 핵심은 시장을 균형의 관점에서 보지 않고 재귀적 관점으로 바라보았다는 것이고, 이는 균형 이론이 지배하는 시장을 근본부터 바꾸어놓는다. 흔히 접하는 '가치투자' 철학 또한 '장기간 기다리다 보면 가격은 가치에 수렴한다'라는 가정을 근간에 둠으로써 균형 이론에서 크게 벗어나지 않고 효율적 시장 가설과 결합해 상당한 모순을 낳는다.* 그러므로 소로스의 재귀성이라는 개념은 나를 비롯한 다른 모든 투자자에게 아주 유익한, 새로운 관점을 제공한다.

사람의 믿음이 바뀌면 현실도 바뀐다. 한 문장으로 요약할 수 있는 이 단순한 명제는 한 인간을 세계 최고 투자자의 반열에 올려놓았다. 이 한 문장은 단지 자본시장뿐만 아니라 이 사회가 가지고 있는 근본적인 문제의 해독제가 될 가능성도 지니고 있다.

"영구적인 해결책을 만들어냈다는 생각 자체가 다음 위기

---

* 내 견해는 《주식하는 마음》 7장에서 상세히 언급했다.

의 불씨가 될 것이다."

—조지 소로스, 《금융의 연금술》 중에서

칼 포퍼의 역작 《열린 사회와 그 적들》은 국내에서 '반공 서
적'쯤으로 치부된다. 거의 1,000쪽에 달하는 분량에 모든 문장
이 논증으로 가득 차 있는 이 책은 어마어마하게 밀도가 높다.
실제로 읽은 사람보다 읽어본 척하는 사람이 훨씬 많을 것 같
은 이 책에서 포퍼는 '플라톤 – 아리스토텔레스 – 헤겔 – 마르
크스'로 이어지는 본질주의의 오류와 본질주의가 사회에 미친
해악을 낱낱이 파헤친다.

나치가 득세하던 1944년에 발간된 이 책은 자유 사회의 지
식인이 느끼는 전체주의에 대한 공포를 그대로 반영한다. 14세
때 아우슈비츠에 끌려갈 뻔했던 경험을 한 동유럽 출신 유대인
으로서 소로스가 포퍼의 '열린 사회 사상'에 흠뻑 빠져든 것은
아주 자연스럽다.

열린 사회의 기저는 오류의 가능성이다. 누구도 궁극적인
진리를 가지고 있지 않기 때문에 각 개인에게 선택의 권리를
보장해야 한다. 이는 세상에 진리가 존재하고, 진리를 알고 있
거나 진리에 접근할 수 있는 누군가(혹은 집단)가 다수를 이끌어
야 한다는 논리와 정면충돌한다. 후자의 논리에 기초한 사회를

닫힌 사회라고 한다.

닫힌 사회에서 '다른 생각'은 '틀린 생각'이고, '토론'은 '불만 표출'이며, '지식 탐구'는 '악마의 속삭임'이다. 훌륭한 지도자(혹은 집단)의 영도력이 세상을 좋게 만들어나가는 유일한 길이며, 지도자의 의도대로 세상이 흘러가지 않는 것은 지도자가 틀렸기 때문이 아니라 지도자의 의지에 반하는 '불온 세력'의 '음모' 때문이다. 지도자는 '틀릴 수 없으며', 일이 잘못되었을 때는 '음모의 배후'를 색출해 처단해야 한다.

닫히지 않은 사회, 열린 사회에서는 누구나 실수를 저지를 가능성을 열어두고 다 함께 토론의 장에 나서고 각자의 선택에 책임을 진다. 포퍼는 일생을 바쳐 닫힌 사회를 극복하고 열린 사회를 만드는 데 매진했고 그 과정에서 좌파와 우파 모두에게 공격받는 지식인이 되었다.

1947년 포퍼는 프리드리히 하이에크, 루트비히 폰 미제스, 밀턴 프리드먼 등과 함께 '몽펠르랭 소사이어티'를 결성했다. 하이에크는 가격을 통한 시장의 결정 기능을 강조했고 프리드먼은 작은 정부론을 주장했다. 이들의 이론은 1980년대 레이건과 대처의 신자유주의 근간을 이루었다.

포퍼가 전체주의의 해악을 경고한 것은 명백하지만 대안으로 자유방임주의를 제시했다는 근거는 없다. 그는 '방법론적 일원론'을 제시하며 자연과학에서 사용하는 반증 가능성을 사회과학에 접목하고자 했다.《소로스 투자 특강》1장에 나와 있다시피 하이에크는 자연과학의 계량 기법을 사회과학에 접목하려는 시도를 과학주의라고 비판하며 시장근본주의를 내세웠다.[60~61쪽] 결국 둘은 결별하지만, 매카시즘적 반공 정서를 내세우는 측에서는 포퍼의 저서를 앞세우며 소위 '때려잡자 공산당'에 열중했고 포퍼는 신자유주의의 선봉이라는 이상한 이미지를 떠안게 되었다.

한편 포퍼가 비판하고자 한 핵심은 전체주의의 해악이었기 때문에, 우파라고 해서 포퍼의 비판을 피해 갈 수 없었다. 중유럽의 사회민주당이 파시즘을 방조했다며 날을 세워 비판한 점을* 고려하면, 그는 권위주의적인 우파 정권의 입맛에도 썩 들어맞는 사람이 아니었다. 독일의 사회민주당 총리인 헬무트 슈미트가 포퍼를 존경했다는 점을 보면 포퍼의 사상은 우파와도 대립각을 세울 여지가 충분하다.

포퍼를 추종하는 소로스의 해석에 따르면 좌파와 우파 모두 틀렸다. 마르크스는 한 이론이 과학적이기 위해서는 역사의

---

* 칼 포퍼, 《열린 사회와 그 적들》, 207쪽, 민음사

미래 과정을 결정해야 한다고 오해했다. 포퍼에 따르면 미래를 예측하고 결정할 수 있어야 과학인 것이 아니라, 실험 가능하고 반증 가능해야, 즉 '틀릴 수 있어야' 과학이다. 그러므로 역사가 미래를 결정할 수 있어야 한다는 마르크스의 역사주의는 근본부터 어긋난 것이 된다.

자유주의자는 시장의 효율성에 큰 무게를 두는데, 소로스는 이 또한 새로운 교조주의가 될 가능성을 우려한다. 시장근본주의자는 정부 개입의 불완전성이 자유 시장의 완벽성을 입증한다는 듯한 주장을 펼친다. 개인의 사리 추구가 곧 공익이라고 오도하고 사리 추구를 무한정으로 허용해야 공익이 증진된다고 한다. 나심 탈렙의 표현을 빌리자면 증거의 부재absence of evidence를 부재의 증거evidence of absence로 착각하는 것이다. 정부 개입이 의도치 않은 결과를 낼 수 있다 해서 정부가 개입하지 않는 것이 정당하다는 뜻은 아니다.

한편 소로스는 포퍼 또한 틀렸다고 지적한다. 과학의 방법론은 사회과학에 접목할 수 없다. 그는 포퍼의 '방법론적 일원론'을 포기함으로써 금융시장에서 성공했다고 고백한다.* 그는 단지 오류의 가능성을 이야기하는 것에 그치지 않고 실제 그 오류가 존재함을 입증해 보임으로써 자신의 입지를 확립했다.

이후 그는 전체 사회에 대해서도 같은 일을 벌이려 한다.

사회적인 시스템은 인간의 오류성 덕분에 균형 상태에 있을 수 없고, 균형에 가까운 상태 혹은 균형에서 멀리 떨어진 상태를 오간다. 균형에서 멀리 떨어진 상태는 정적 불균형static imbalance과 동적 불균형dynamic imbalance 상태로 나눌 수 있다. 정적 불균형은 균형에서 멀리 떨어져 있으면서도 변화가 적어서 안정적인 것처럼 착각하는 상태다. 공산주의와 전체주의 등 '닫힌 사회'가 그렇다. 동적 불균형은 각자에게 선택의 자유가 열려 있지만 정보량과 연산 능력이 부족해 균형에 머무르지 못하고 이리저리 헤매는 상태다. 자본시장이 그렇다.

소로스의 표현을 빌리자면 포퍼는 인지 기능을 강화함으로써 오류를 줄일 수 있다고 보았다. 즉 '누구도 진리를 가지고 있지 않으니 각자 알아서 잘 고민해봅시다'라고 길을 터주면 사람들이 알아서 열린 마음으로 토론에 참여하고 실패를 통해 오류를 수정해나가는 과정을 거칠 것이라고 기대한 것이다. 일종의 계몽주의이자 인간에 대한 낙관론이었다.

열린 사회는 사회에 정착하기에 여러모로 불리한 개념이

---

* 소로스, 《금융의 연금술》, 401쪽

다. 비판적 사고방식은 개인에게 선택의 부담을 지운다. 인간은 그렇게 세상만사에 깊이 고민하는 것을 좋아하지 않는다. 인간은 자기가 맹신하는 진리를 위해 목숨을 걸 수 있다. 그러나 누구도 열린 사회를 위해 목숨을 걸지 않는다. 열린 사회는 대중이 열광하기에는 너무 밋밋한 개념이다. 사라졌을 때에야 그 소중함을 깨닫는, 맑은 공기 같은 개념이다.[*]

소로스는 이러한 한계에서 한 걸음 더 나아가 더욱 적극적으로 행동했다. 금융시장에서는 베팅에 성공해 돈을 버는 행위를 통해 시장에 재귀성이 존재함을 입증했다. 그렇게 번 돈으로 전체주의와 공산주의가 지배하는 나라에 재단을 설립해 민주주의를 전파했다. 닫힌 사회의 정적 불균형은 언젠가 깨지게 마련이며, 정적 불균형이 깨지면 다음 단계는 동적 불균형 혹은 새로운 상태의 정적 불균형, 즉 다른 누군가가 권력을 장악한 새로운 닫힌 사회다.

소로스는 금융시장에서 배운 실천적 노하우를 적극 활용해 공산권의 몰락에 개입했다. 그는 자본의 힘을 사용해 나라를 열린 사회로 바꿀 수 있다면 군사적 개입이나 정치적 전복 없이 평

소로스, 《소로스가 말하는 소로스》, 295쪽

화적인 방법으로 정치적 억압을 극복할 수 있으리라 믿었다.[*]

현재의 소로스는 무엇을 주장하고 있을까? 유럽의 분열을 우려하고 중국의 폐쇄적인 정책을 비판한다. 자본시장에 대해서는 전 세계적인 규제가 필요함을 강조한다. 특히 중국에 대해서 비판의 강도를 높이고 있는 점은 흥미롭다. 그는 이전 저서에서 중국이 자본시장을 적절히 통제하고 있으며 점차 개방적인 사회로 나아갈 것으로 보았다. 그러나 2016년 1월 다보스 포럼에서 그는 중국 경제의 경착륙이 불가피하다고 언급했다. 2019년 포럼에서는 시진핑을 '열린 사회 최악의 적'이라고 맹비난했고, 2020년에는 '인공지능을 이용해 중국 국민을 완전히 통제하려 한다'고 공격했다. 한편 트럼프 대통령에 대해서는 '사기꾼'이라고 비난하면서도 유일하게 잘한 일로 중국에 대한 강경책을 꼽기도 했다.[**] 2021년 9월에는 세계 최대 자산운용사 블랙록의 중국 투자를 '비극적인 실수'라고 언급했다.[***]

---

[*] 워싱턴대학의 대니얼 베스너가 2018년 7월 6일 〈가디언〉에 기고한 글(https://www.theguardian.com/news/2018/jul/06/the-george-soros-philosophy-and-its-fatal-flaw)

[**] 2019년 9월 9일 〈월스트리트 저널〉 기고문

[***] 2019년 9월 6일 〈월스트리트 저널〉 기고문

미·중 갈등은 앞으로 오랜 기간 우리의 화두가 될 것이다. 사이에 끼인 한국의 처지에서 열린 사회의 가치는 앞으로 더욱 중요한, 어쩌면 목숨을 걸고 나서야 하는 화두가 될지도 모른다.

한국에 출간된 소로스의 서적은 모두 절판 혹은 품절된 상태다. 'IMF의 주범'인 '투기꾼'의 목소리에 귀를 기울일 한국인이 많지 않았기 때문이리라. 다행히 최근의 주식 투자 붐에 힘입어 '역동적 불균형 상태'를 접한 개인이 많아지고 소로스의 메시지에 관심을 가질 사람의 저변이 넓어진 듯하다. 소로스의 투자 이론과 세계관을 함축한 이 책의 재출간을 가슴 깊이 환영하는 바이며, 단순한 '투기꾼'이 아닌 '행동하는 사상가'로서 그의 면모에 좀 더 관심을 기울일 수 있기를 바라며 글을 마친다.

2021년 9월
홍진채
라쿤자산운용 대표

THE SOROS
LECTURES

소로스 투자 특강

초판 1쇄	2021년 10월 20일
2쇄	2023년 5월 20일

지은이	조지 소로스
옮긴이	이건

펴낸곳	에프엔미디어
펴낸이	김기호
편집	양은희
마케팅	박강희
기획·관리	문성조
디자인	최우영 이도영

신고	2016년 1월 26일 제2018-000082호
주소	서울시 용산구 한강대로 295, 503호
전화	02-322-9792
팩스	0303-3445-3030
이메일	fnmedia@fnmedia.co.kr
홈페이지	http://www.fnmedia.co.kr
ISBN	979-11-88754-50-2 (03320)